尊法守法·携手筑梦 服务农民工公益法律服务行动

权益维护法律知识微手册

(第3版)

中华全国总工会法律工作部◎编著

中国工人出版社

图书在版编目（CIP）数据
权益维护法律知识微手册 / 中华全国总工会法律工作部编著. —3版.
—北京：中国工人出版社，2021.11
ISBN 978-7-5008-7758-5
Ⅰ. ①权…　Ⅱ. ①中…　Ⅲ. ①民工–权益保护–中国–手册
Ⅳ. ① D923.8-62
中国版本图书馆 CIP 数据核字（2021）第 218215 号

权益维护法律知识微手册（第3版）

出 版 人　王娇萍
责任编辑　赵晨羽
责任印制　栾征宇
出版发行　中国工人出版社
地　　址　北京市东城区鼓楼外大街45号　邮编：100120
网　　址　http://www.wp-china.com
电　　话　（010）62005043（总编室）
　　　　　（010）62005039（印制管理中心）
　　　　　（010）62382916（工会与劳动关系分社）
发行热线　（010）82029051　62383056
经　　销　各地书店
印　　刷　北京市密东印刷有限公司
开　　本　787毫米×1092毫米　1/32
印　　张　6.25
字　　数　110千字
版　　次　2022年1月第1版　2022年1月第1次印刷
定　　价　25.00元

目　录

劳动合同篇

工作时间与休息休假篇

欠薪维权篇

职业病防治篇

女职工特殊权益保护篇

生活保障篇

劳动争议处理篇

工会维权篇

新冠肺炎疫情防控期间劳动关系问题篇

新就业形态劳动者劳动保障权益维护篇

劳动合同篇

01 为什么要与用人单位签订书面劳动合同？

劳动合同是劳动者与用人单位确立劳动关系、明确双方权利和义务的协议。签订书面劳动合同是证明劳动者与用人单位存在劳动关系的最直接、最基本的证据，也是在发生劳动争议后寻求法律救济的重要依据。如果没有书面劳动合同而仅凭口头约定，那么在履行劳动合同的过程中及发生劳动争议后，双方的权利义务很难确定，甚至可能由于没有劳动合同导致劳动争议处理部门对劳动者的举报或申诉不予受理。

律师提醒

劳动合同绝不是可有可无的，俗话说“空口无凭，立字为据”，书面的凭据很重要。劳动者到用人单位工作，应当签订书面劳动合同，这才是对劳动者权利最有效的保障。

02 劳动合同应当包括哪些内容？

《中华人民共和国劳动合同法》（以下简称

《劳动合同法》）第十七条规定，劳动合同应当具备以下条款：

（1）用人单位的名称、住所和法定代表人或者主要负责人；

（2）劳动者的姓名、住址和居民身份证或者其他有效身份证件号码；

（3）劳动合同期限；

（4）工作内容和工作地点；

（5）工作时间和休息休假；

（6）劳动报酬；

（7）社会保险；

（8）劳动保护、劳动条件和职业危害防护；

（9）法律、法规规定应当纳入劳动合同的其他事项。

律师提醒

劳动合同除上述规定的必备条款外，用人单位可以与劳动者约定试用期、培训、保守秘密、补充保险和福利待遇等其他事项。

03 签订劳动合同应当注意哪些事项？

根据《劳动合同法》的相关规定，签订劳动

合同应注意以下事项。

（1）劳动者的姓名、住址、居民身份证或者其他有效身份证件号码，以及用人单位的名称、住所、电话、法定代表人姓名等，一定要全部填写清楚。尤其是用人单位的名称要写全称，住所一定要填写准确。

（2）合同内容中的工资报酬、工作岗位和工作地点一定要写清楚，这是最容易发生纠纷的地方。

（3）尽量不要签空白合同，更不要在空白纸上签字。空白合同是指在劳动合同期限、工资、工作岗位等涉及劳动者切身利益的内容部分是空白的，由于这样的合同不完整，一旦签字后，用人单位就可能在空白处填写对劳动者不利的内容。

（4）劳动合同签订后，应由双方签字盖章，并由双方各保存一份。

律师提醒

有些合同中约定了一些不合法的内容，例如，女职工不得结婚生育，因工负伤的“工伤自理”，甚至签订生死合同等，这些条款从法律上来讲都是无效的，即使劳动者签了也没有法律效力，但是合同的其他部分仍然有效。所以，如果合同里有违法条款，确有必要时，劳动者也可以签订该合同，合法权益不会因此受损。

04 老板不愿签订书面劳动合同，劳动者该怎么办？

在这种情况下，劳动者与用人单位之间只能建立事实劳动关系。为避免发生劳动纠纷后权益受损，劳动者要想办法取得并妥善保存与用人单位之间存在劳动关系的证据。这些证据主要包括：用人单位出具的从哪一天开始上班、做什么工作的书面证明；工友出具的从哪一天开始上班、做什么工作的书面证明；上岗证、出入证、考勤卡、工资卡、工资清单等。如果上述证据都无法获取，劳动者需要用书面形式记录下该单位的名称、法人代表的姓名和联系方式以及从什么时间开始在该单位上班、每天的工作内容和工作时间、工友都有谁。如果工作一个月后，用人单位不能按照约定的金额发放工资，应当立刻向劳动监察部门举报，不要再听信老板的口头承诺。

律师提醒

有些用人单位不愿意和劳动者签订劳动合同，但劳动者要知道在这种情况下如何保护自己的合法权益。我们知道在发生劳动纠纷后寻找证据往往很难，因此，自己提前保存好证据很重要，工作中要及时收集相关证据，防患于未然。

05 试用期时间是多长？试用期内用人单位可以随意解除劳动关系吗？

根据《劳动合同法》第十九条的规定，劳动合同期限在三个月以上不满一年的，试用期不得超过一个月；劳动合同期限一年以上不满三年的，试用期不得超过二个月；三年以上固定期限和无固定期限的劳动合同，试用期不得超过六个月。

同一用人单位与同一劳动者只能约定一次试用期。

以完成一定工作任务为期限的劳动合同或者劳动合同期限不满三个月的，不得约定试用期。

试用期包含在劳动合同期限内。劳动合同仅约定试用期的，试用期不成立，该期限为劳动合同期限。

试用期内用人单位可以解除劳动关系。如果试用期内用人单位证明劳动者确实不符合录用条件而解除了劳动合同，是不能要求单位支付经济补偿金的。但劳动者在试用期内有权利要求用人单位支付劳动报酬、缴纳社会保险费。

律师提醒

试用期是劳动者与用人单位双方互相适应的一个阶段，但劳动者仍然享有法律规定的相应权利。

06 劳动者在什么情况下有权要求签订无固定期限劳动合同?

《劳动合同法》第十四条明确规定了用人单位与劳动者协商一致，可以订立无固定期限劳动合同。有下列情形之一，劳动者提出或者同意续订、订立劳动合同的，除劳动者提出订立固定期限劳动合同外，应当订立无固定期限劳动合同：

(1) 劳动者在该用人单位连续工作满十年的；

(2) 用人单位初次实行劳动合同制度或者国有企业改制重新订立劳动合同时，劳动者在该用人单位连续工作满十年且距法定退休年龄不足十年的；

(3) 连续订立二次固定期限劳动合同，且劳动者没有本法第三十九条和第四十条第一项、第二项规定的情形，续订劳动合同的。

用人单位自用工之日起满一年不与劳动者订

立书面劳动合同的，视为用人单位与劳动者已订立无固定期限劳动合同。

律师提醒

签订无固定期限劳动合同是劳动者的权利，尤其在同一个用人单位连续工作 10 年以上的劳动者，就应当更加注意保护自己的合法权益。

07 无固定期限劳动合同能解除吗？解除后有没有经济补偿金？

只要符合法律规定的条件或者双方约定的解除条件，无固定期限劳动合同是可以解除的。

如果劳动者想解除无固定期限劳动合同，应当提前 30 日以书面形式通知用人单位，用人单位不需要支付经济补偿金。但如果劳动者违反法律规定或劳动合同的约定而解除劳动关系，给用人单位造成损失的，应当承担赔偿责任。

《劳动合同法》第四十六条第一项规定，在因用人单位存在过错，劳动者提出解除无固定期限劳动合同的情况下，用人单位应当向劳动者支付经济补偿金。另外，如果用人单位以暴力、威胁或者非法限制人身自由的手段强迫劳动的，或者用人单位违章指挥、强令冒险作业危及劳动者的人身安全的，劳动者可以立即解除劳动合同，无须事先告知用人单位。用人单位应当向劳动者支付经济补偿金。

律师提醒

无固定期限劳动合同并非不能解除。如果是在因为用人单位存在过错，劳动者提出解除无固定期限劳动合同的情况下，用人单位应当按照法律的规定给予相应的经济补偿金。

08 哪些情况下，用人单位应当向劳动者支付经济补偿金？

根据相关法律规定，用人单位支付解除劳动

合同经济补偿金的情形主要有以下几种。

（1）经劳动合同当事人协商一致，由用人单位解除劳动合同的；

（2）劳动者患病或者非因工负伤，经劳动鉴定委员会确认不能从事原工作，也不能从事用人单位另行安排的工作，而由用人单位解除劳动合同的；

（3）劳动者不能胜任单位安排的工作，经过用人单位培训或者调整工作岗位仍不能胜任工作，由用人单位解除劳动合同的；

（4）劳动合同订立时所依据的客观情况发生重大变化，致使原劳动合同无法履行，经当事人协商不能就变更劳动合同达成协议的，由用人单位解除劳动合同的；

（5）用人单位濒临破产进行法定整顿期间或者生产经营状况发生严重困难，确需裁减人员的，提前30日向工会或者全体职工说明情况，听取工会或者职工的意见，向劳动行政部门报告后，裁减人员的；

（6）企业转产、技术革新、经营方式调整，经变更劳动合同后，仍然需要裁减人员的；

（7）除用人单位维持或者提高劳动合同约定条件续订劳动合同，劳动者不同意续订的情况外，劳动合同期满而终止固定期限劳动合同的；

（8）用人单位被依法宣告破产的；

（9）用人单位被吊销营业执照、责令关闭或者用人单位决定提前解散的。

此外，《劳动合同法》还规定了在某些特殊情形下劳动者主动解除劳动合同仍然可以要求经济补偿。

（1）用人单位未按照劳动合同约定提供劳动保护或劳动条件的；

（2）用人单位未及时足额支付劳动报酬的；

（3）用人单位未依法为劳动者缴纳社会保险费的；

（4）用人单位的规章制度违反法律、法规的规定，损害劳动者权益的；

（5）用人单位以欺诈、胁迫的手段或者乘人之危，使劳动者在违背真实意思的情况下订立或者变更劳动合同的；

（6）用人单位以暴力、胁迫或者非法限制人身自由的手段强迫劳动者劳动的，或者违章指挥、强令冒险作业危及劳动者人身安全的，劳动者可以立即解除劳动合同而无须事先告知用人单位，并可以要求经济补偿金；

（7）法律、行政法规规定的其他情形。

律师提醒

一般来说，如果劳动者主动辞职，是不能得到经济补偿金的。如果用人单位辞退劳动者时要求填写离职申请，而以此为由不支付经济补偿的，那最好不要写。

09 在什么情况下劳动者可以解除劳动合同？

根据《劳动合同法实施条例》第十八条的规定，劳动者在以下情形中可以解除劳动合同：

（1）劳动者与用人单位协商一致的；

（2）劳动者提前30日以书面形式通知用人单位的；

（3）劳动者在试用期内提前3日通知用人单位的；

（4）用人单位未按照劳动合同约定提供劳动保护或者劳动条件的；

（5）用人单位未及时足额支付劳动报酬的；

（6）用人单位未依法为劳动者缴纳社会保险费的；

（7）用人单位的规章制度违反法律、法规的规定，损害劳动者权益的；

(8) 用人单位以欺诈、胁迫的手段或者乘人之危，使劳动者在违背真实意思的情况下订立或者变更劳动合同的；

(9) 用人单位在劳动合同中免除自己的法定责任、排除劳动者权利的；

(10) 用人单位违反法律、行政法规强制性规定的；

(11) 用人单位以暴力、威胁或者非法限制人身自由的手段强迫劳动者劳动的；

(12) 用人单位违章指挥、强令冒险作业危及劳动者人身安全的；

(13) 法律、行政法规规定劳动者可以解除劳动合同的其他情形。

律师提醒

即使是劳动者提出解除劳动合同的，只要符合上述第 4 项至第 12 项的情形，用人单位也要支付经济补偿金。

10 用人单位在什么情况下不能解除劳动合同？

根据《劳动合同法》第四十二条的规定，劳动者有下列情形之一的，用人单位不得依照本法第四十条、第四十一条的规定解除劳动合同：

（1）从事接触职业病危害作业的劳动者未进行离岗前职业健康检查，或者疑似职业病病人在诊断或者医学观察期间的；

（2）在本单位患职业病或者因工负伤并被确认丧失或者部分丧失劳动能力的；

（3）患病或者非因工负伤，在规定的医疗期内的；

（4）女职工在孕期、产期、哺乳期的；

（5）在本单位连续工作满十五年，且距法定退休年龄不足五年的；

（6）法律、行政法规规定的其他情形。

律师提醒

在以上几种情况中，用人单位仅是不得依据《劳动合同法》第四十条、第四十一条的规定解除劳动合同，如果出现《劳动合同法》第三十九条所规定的情形，用人单位依然享有解除权。

11 终止、解除劳动合同后，用人单位应当为劳动者出具哪些手续？

根据《劳动合同法》《劳动合同法实施条例》的相关规定，劳动者与用人单位终止（解除）劳动关系后，用人单位应当在终止或解除劳动合同之日出具终止（解除）劳动合同的证明书，证明书中写明劳动合同期限、终止（解除）的日期、所担任的工作职务，并应在 15 日内办理档案和社会保险转移手续。证明书可以作为劳动者享受失业保险待遇和失业登记、求职登记的凭证；并在劳动者向新的用人单位求职时，该证明书是终止与原单位劳动关系的凭证。用人单位对已经终止的劳动合同文本，应当保存 2 年以上备查。同时，应当按照双方约定，遵循诚实信用的原则办理工作交接。

律师提醒

终止（解除）劳动合同证明书应写明劳动合同期限、终止或解除的日期、所担任的工作职务等重要信息。

12 用人单位没有告知劳动者单位内部规章制度，能以此来处罚吗？

根据《劳动合同法》第四条的规定，用人单位在制定涉及劳动者切身利益的规章制度或者重大事项时，应当经职工代表大会或者全体职工讨论，提出方案和意见，与工会或者职工代表平等协商确定；工会或者职工认为不适当的，有权向用人单位提出，通过协商予以修改完善；用人单位应当将直接涉及劳动者切身利益的规章制度和重大事项决定公示，或者告知劳动者。

简单来说，规章制度要合法有效，必须具备三个条件：一是规章制度的内容合法有效；二是需要经过民主程序制定；三是需要告知劳动者。

律师提醒

如果用人单位制定的规章制度没有告知过劳动者，却依据该制度处罚或者解雇劳动者，这是无效的，可以通过仲裁要求撤销单位的处罚或者解雇决定。

13 什么是劳务派遣，劳务派遣用工与劳动合同用工的区别是什么？

所谓的劳务派遣，即劳动力租赁，由劳务派遣单位与劳动者订立劳动合同并支付报酬，把劳动者派向其他用工单位，再由用工单位向劳务派遣单位支付一笔服务费用。而劳务派遣工指的就是被派遣的劳动者。

劳务派遣用工是一种新的用工形式，与劳动合同用工相比，存在如下区别。

（1）期限方面的区别。

劳务派遣合同的期限比较明确，为两年以上固定期限；而劳动合同分为固定期限劳动合同、无固定期限劳动合同和以完成一定工作任务为期限的劳动合同，其中固定期限的长短用人单位和劳动者可以自由约定。

（2）解除劳动合同方面的区别。

《劳动合同法》第六十五条规定，被派遣劳动者有本法第三十九条和第四十条第一项、第二项规定情形的，用工单位可以将劳动者退回劳务派遣单位，劳务派遣单位依照本法有关规定，可以与劳动者解除劳动合同。

《劳务派遣暂行规定》第十五条规定，被派遣劳动者因本规定第十二条规定被用工单位退回，劳务派遣单位重新派遣时维持或者提高劳动合同约定条件，被派遣劳动者不同意的，劳务派遣单位可以解除劳动合同。

工作时间与休息休假篇

14 我国法律对于劳动者的工作时间和休息休假是怎样规定的?

《国务院关于修改〈国务院关于职工工作时间的规定〉的决定》中，确立了职工每天工作 8 小时，每周工作 40 小时的工作时间制度。《中华人民共和国劳动法》（以下简称《劳动法》）第三十八条规定：用人单位应当保证劳动者每周至少休息一日。

《全国年节及纪念日放假办法》规定，全体公民放假的节日包括：(1) 新年，放假 1 天（1 月 1 日）；(2) 春节，放假 3 天（农历正月初一、初二、初三）；(3) 清明节，放假 1 天（农历清明当日）；(4) 劳动节，放假 1 天（5 月 1 日）；(5) 端午节，放假 1 天（农历端午当日）；(6) 中秋节，放假 1 天（农历中秋当日）；(7) 国庆节，放假 3 天（10 月 1 日、2 日、3 日）。

律师提醒

全年的法定节假日一共 11 天。

15 用人单位应当如何支付加班工资？

《劳动法》第四十四条规定，有下列情形之一的，用人单位应当按照下列标准支付高于劳动者正常工作时间工资的工资报酬：

（1）安排劳动者延长工作时间的，支付不低于工资的百分之一百五十的工资报酬；

（2）休息日安排劳动者工作又不能安排补休的，支付不低于工资的百分之二百的工资报酬；

（3）法定休假日安排劳动者工作的，支付不低于工资的百分之三百的工资报酬。

计算加班加点工资，首先要界定“日工资”和“小时工资”的计算方法。根据《关于职工全年月平均工作时间和工资折算问题的通知》的规定：职工月平均工作天数为20.83天，月计薪天数为21.75天，职工的日工资和小时工资按此进行折算。

律师提醒

要求用人单位支付相应的加班工资是劳动者的权利，如果用人单位拒绝支付，可以向劳动监察部门举报或者向劳动仲裁部门申请仲裁。

16 休息日或法定休假日加班，用人单位可否不支付加班费而给予补休?补休的标准如何确定?

依据《劳动法》第四十四条规定，休息日（如周六、周日）安排劳动者加班工作的，应首先安排补休，不能补休时，则应支付不低于工资的200%的工资报酬。补休时间应等同于加班时间。

法定休假日（如劳动节、春节）安排劳动者加班工作的，应支付不低于工资的300%的工资报酬，一般不安排补休。

律师提醒

如果用人单位在与劳动者签订的劳动合同或者企业内部的规章制度中规定了法定休假日只给补休，不给300%的加班工资，这样的约定或规定是无效的，用人单位不但要补发工资，还要依法支付赔偿金。

17 拒绝加班，单位能辞退劳动者吗？

《劳动法》规定劳动者每日工作时间不超过8小时，用人单位由于生产经营的需要，经与工会和劳动者协商后才允许延长工作时间，未经协商，单位是不能强迫劳动者加班的。因此，劳动者拒绝加班，单位也不能辞退；若强行辞退，劳动者有权申请仲裁，要求恢复工作岗位，继续履行劳动合同，或者要求支付违法解雇的赔偿金。

律师提醒

用人单位强迫劳动者加班是违法的，即使内部规章制度中规定必须每天加班，该规定也是无效的。

欠薪维权篇

18 工资都由哪些部分组成？

依据国家统计局《关于工资总额组成的规定》，工资总额由下列六个部分组成：（一）计时工资；（二）计件工资；（三）奖金；（四）津贴和补贴；（五）加班加点工资；（六）特殊情况下支付的工资。

同时，有关劳动保险和职工福利方面的各项费用，出差伙食补助费、误餐补助、调动工作的旅费和安家费，劳动保护的各项支出，有关离休、退休、退职人员待遇的各项支出，劳动合同制职工解除劳动合同时由企业支付的医疗补助费、生活补助费等13类费用不属于工资组成部分。

律师提醒

企业可以根据自身生产经营实际，依法确定本单位员工的具体工资构成项目。职工想要清楚了解自己工资构成情况，要注意把握两点：一是签订劳动合同时，要看清其中关于工资构成的约定内容；二是领取工资时应当及时要求单位提供工资条等支付凭证并妥善保存。

19 什么是最低工资标准？

依据原劳动和社会保障部《最低工资规定》，最低工资标准，是指劳动者在法定工作时间或依法签订的劳动合同约定的工作时间内提供了正常劳动的前提下，用人单位依法应支付的最低劳动报酬。

正常劳动，是指劳动者按依法签订的劳动合同约定，在法定工作时间或劳动合同约定的工作时间内从事的劳动。劳动者依法享受带薪年休假、探亲假、婚丧假、生育（产）假、节育手术假等国家规定的假期间，以及法定工作时间内依法参加社会活动期间，视为提供了正常劳动。

最低工资标准一般采取月最低工资标准和小时最低工资标准的形式。月最低工资标准适用于全日制就业劳动者，小时最低工资标准适用于非全日制就业劳动者。

各省、自治区、直辖市政府参考当地经济发展水平、就业状况等因素，确定和调整本地区月最低工资标准。

律师提醒

在劳动者提供正常劳动的情况下，用人单位应支付给劳动者的工资在剔除下列各项以后，不得低于当地最低工资标准：（一）延长工作时间工资；（二）中班、夜班、高温、低温、井下、有毒有害等特殊工作环境、条件下的津贴；（三）法律、法规和国家规定的劳动者福利待遇等。

劳动者由于本人原因造成在法定工作时间内或依法签订的劳动合同约定的工作时间内未提供正常劳动的，不适用于本条规定。

20 用人单位该如何支付劳动者的工资？

根据《劳动法》《工资支付暂行规定》等相关规定，用人单位应该直接将工资以货币形式按月支付给本人，如果因故不能领取工资，可以委托亲属或者其他人代为领取。用人单位也可以委托银行代发工资，将工资直接转到劳动者的银行卡上。

如果劳动者在建筑工地干活，用人单位应当将工资直接支付，而不能将工资支付给承包方，再由承包方转交；也不能克扣或者以其他形式来代替劳动者的工资。

用人单位应当按照工资支付周期编制书面工资支付台账，并至少保存3年。书面工资支付台账应当包括用人单位名称，支付周期，支付日期，支付对象姓名、身份证号码、联系方式，工作时间，应发工资项目及数额，代扣、代缴、扣除项目和数额，实发工资数额，银行代发工资凭证或者农民工签字等内容。用人单位向劳动者支付工资时，应当提供工资清单。

劳动关系双方依法解除或终止劳动合同时，用人单位应在解除或终止劳动合同时一次性付清劳动者工资。

律师提醒

工资应当以法定货币（在我国就是指人民币）支付。不得以实物及有价证券替代货币。

21 职工病假期间有没有工资？

职工患病或非因工负伤治疗期间，在规定的医疗期内由企业按有关规定支付其病假工资或疾病救济费。

《关于贯彻执行〈中华人民共和国劳动法〉若干问题的意见》第59条规定：“职工患病或非因工负伤治疗期间，在规定的医疗期间内由企业按有关规定支付其病假工资或疾病救济费，病假工资或疾病救济费可以低于当地最低工资标准支付，但不能低于最低工资标准的80%。”如果地方有规定的，企业应按所在地方规定执行。

律师提醒

劳动者在病假期间仍然是享有工资待遇的，但必须要有医院开具的病假证明。

22 非因劳动者原因停产停工期间的工资应当如何支付？

依据原劳动部《工资支付暂行规定》，非因劳动者原因造成单位停工、停产在一个工资支付周期内的，用人单位应按劳动合同规定的标准支付劳动者工资。超过一个工资支付周期的，若劳动者提供了正常劳动，则支付给劳动者的劳动报酬不得低于当地的最低工资标准；若劳动者没有提供正常劳动，应按国家有关规定办理。

律师提醒

农民工朋友一旦遇到用人单位非因劳动者原因而停产停工的情形，可向单位主张按照上述规定支付工资，应注意及时依法维护自身劳动报酬权益。

23 非全日制用工的工资应怎样支付？

《劳动合同法》规定，非全日制用工，是指以小时计酬为主，劳动者在同一用人单位一般平均每日工作时间不超过四小时，每周工作时间累计不超过二十四小时的用工形式。非全日制用工小时计酬标准不得低于用人单位所在地人民政府规定的最低小时工资标准。非全日制用工劳动报酬结算支付周期最长不得超过十五日。

非全日制用工的小时最低工资标准由省、自治区、直辖市在颁布的月最低工资标准的基础上，考虑单位应缴纳的基本养老保险费和基本医疗保险费因素，同时还应适当考虑非全日制劳动者在工作稳定性、劳动条件和劳动强度、福利等方面与全日制就业人员之间的差异等因素进行确定和调整。

律师提醒

农民工朋友在工作时首先要弄清楚自己是否是全日制用工，如果是非全日制用工就要注意自己实际领取的工资是否符合双方的约定，是否不低于所在省（区、市）的非全日制用工小时最低工资标准。

24 用人单位可以从工资中扣除哪些款项？

依据原劳动部《工资支付暂行规定》，有下列情况之一的，用人单位可以代扣劳动者工资：（一）用人单位代扣代缴的个人所得税；（二）用人单位代扣代缴的应由劳动者个人负担的各项社会保险费用；（三）法院判决、裁定中要求代扣的抚养费、赡养费；（四）法律、法规规定可以从劳动者工资中扣除的其他费用。

律师提醒

因劳动者本人原因给用人单位造成经济损失的，用人单位可按照劳动合同的约定要求其赔偿经济损失。经济损失的赔偿，可从劳动者本人的工资中扣除。但每月扣除的部分不得超过劳动者当月工资的20%。若扣除后的剩余工资部分低于当地月最低工资标准，则按最低工资标准支付。

25 被欠薪除可要求支付工资外，还可以要求哪些赔偿或补偿?

《劳动合同法》规定，用人单位有下列情形之一的，由劳动行政部门责令限期支付劳动报酬、加班费或者经济补偿；劳动报酬低于当地最低工资标准的，应当支付其差额部分；逾期不支付的，责令用人单位按应付金额百分之五十以上百分之一百以下的标准向劳动者加付赔偿金：（一）未按照劳动合同的约定或者国家规定及时足额支付劳动者劳动报酬的；（二）低于当地最低工资标准支付劳动者工资的；（三）安排加班不支付加班费的；（四）解除或者终止劳动合同，未依照本法规定向劳动者支付经济补偿的。

律师提醒

农民工朋友如果被欠薪，可以向当地劳

动监察部门投诉，要求用人单位在结清工资的基础上，另行加付赔偿金。同时，也可依据《劳动合同法》以用人单位未及时足额支付劳动报酬为由，提出解除劳动关系并主张解除劳动关系的经济补偿。

26 因追讨工资申请劳动仲裁有没有时效限制？

《劳动争议调解仲裁法》第二十七条规定，劳动争议申请仲裁的时效期间为一年。仲裁时效期间从当事人知道或者应当知道其权利被侵害之日起计算。劳动关系存续期间因拖欠劳动报酬发生争议的，劳动者申请仲裁不受本条第一款规定的仲裁时效期间的限制；但是，劳动关系终止的，应当自劳动关系终止之日起一年内提出。

律师提醒

仲裁时效因当事人一方向对方当事人主张权利，或向有关部门请求权利救济，或对方当事人同意履行义务而中断。从中断时起，仲裁时效期间重新计算。因不可抗力或者有其他正当理由，当事人不能在第二十七条第一款规定的仲裁时效期间申请仲裁的，仲裁时效中止。从中止时效的原因消除之日起，仲裁时效期间继续计算。劳动者以时效中断、时效中止为由主张请求未过时效的，应提供相关证据证明。

27 用人单位不依法支付工资可能面临哪些行政处罚？

依据《劳动合同法》第八十五条的规定，用人单位不依法支付工资的，由劳动行政部门责令限期支付劳动报酬，逾期不支付的，由劳动行政部门责令用人单位按照法定标准向劳动者加付赔偿金。如果用人单位在被劳动行政部门责令支付后仍不支付的，则构成《劳动保障监察条例》第三十条规定的“经劳动保障行政部门责令改正拒不改正，或者拒不履行劳动保障行政部门的行政处理决定的”行为，劳动保障行政部门有权处以2000元以上2万元以下的罚款。

同时，《保障农民工工资支付条例》第五十四条规定，有下列情形之一的，由人力资源社会保障行政部门责令限期改正；逾期不改正的，对单位处2万元以上5万元以下的罚款，对法定代表人或者主要负责人、直接负责的主管人员和其他直接责任人员处 1 万元以上 3 万元以下的罚款：（一）以实物、有价证券等形式代替货币支付农民工工资；（二）未编制工资支付台账并依法保存，或者未向农民工提供工资清单；（三）扣押或者变相扣押用于支付农民工工资的银行账户所绑定的农民工本人社会保障卡或者银行卡。

律师提醒

劳动者要善于运用向劳动监察部门投诉举报的维权途径。劳动监察部门收到投诉举报后，经过调查核实，确定用人单位如果存在未依法支付工资情形，会依法进行行政处理。

28 拒不支付劳动报酬的用人单位可能面临哪些刑罚？

《刑法》第二百七十六条规定了“拒不支付劳动报酬罪”，即以转移财产、逃匿等方法逃避支付劳动者的劳动报酬或者有能力支付而不支付劳动报酬，数额较大，经政府有关部门责令支付仍不支付的，处三年以下有期徒刑或者拘役，并处或者单处罚金；造成严重后果的，处三年以上七年以下有期徒刑，并处罚金。

单位犯前款罪的，对单位判处罚金，并对其直接负责的主管人员和其他直接责任人员，依照前款的规定处罚。

有前两款行为，尚未造成严重后果，在提起公诉前支付劳动者的劳动报酬，并依法承担相应赔偿责任的，可以减轻或者免除处罚。

律师提醒

2013年1月23日，最高人民法院作出《关于审理拒不支付劳动报酬刑事案件适用法律若干问题的解释》，明确了拒不支付劳动报酬罪的适用范围，以严格约束用人单位履行自己的义务，保护劳动者的合法权益。

29 农民工工资支付的周期和时间如何确定？

根据《国务院办公厅关于全面治理拖欠农民工工资问题的意见》（国办发〔2016〕1号）的规定："明确工资支付各方主体责任。全面落实企业对招用农民工的工资支付责任，督促各类企业严格依法将工资按月足额支付给农民工本人，严禁将工资发放给不具备用工主体资格的组织和个人。”

《保障农民工工资支付条例》第十二条、第十三条、第十四条规定，用人单位应当按照与农民工书面约定或者依法制定的规章制度规定的工资支付周期和具体支付日期足额支付工资。实行月、周、日、小时工资制的，按照月、周、日、小时为周期支付工资；实行计件工资制的，工资支付周期由双方依法约定。用人单位与农民工书面约定或者依法制定的规章制度规定的具体支付日期，可以在农民工提供劳动的当期或者次期。具体支付日期遇法定节假日或者休息日的，应当在法定节假日或者休息日前支付。

《建设领域农民工工资支付管理暂行办法》第六条规定：“企业应当根据劳动合同约定的农民工工资标准等内容，按照依法签订的集体合同或劳动合同约定的日期按月支付工资，并不得低于当地最低工资标准。”

对于完成一次性临时劳动或某项具体工作的劳动者，用人单位应当按照有关的协议或者合同的规定在劳动者完成工作后即支付工资。

律师提醒

农民工朋友在签订劳动合同时一定要看清、记清其中约定的工资支付周期和时间，如果遇到用人单位未按此约定支付工资的情况，要积极依法维权。

30 在建筑行业务工的劳动者，被拖欠工资该如何收集证据？

（1）劳动者和包工方即使不签订正式的劳动合同，也要让他写个书面字据，把每月（天）多少工资、工期多长等内容写下来。如果包工方连这个也不愿意写，为了确保劳动者的合法权益不受侵害，最好用录音机或者手机，将包工头关于工资报酬等对话记录下来，然后将录音内容整理成书面的材料，将来可以作为口头约定的证明。

（2）如果劳动者在建筑工地打工，除了要让包工头写字据以外，最好能保存上级用人单位发放的有关工作凭证，包括工作证、出入证、考勤表等。发生纠纷后，找用人单位的负责人协商时，也要做个录音。

（3）劳动者在打工时要养成好习惯，每天在哪个工地干活、干的什么活、多少活、多长时间、怎么算工钱等都记录下来。工作记录将来也能作为证据。

（4）还可以找工友做证。劳动者都在一个工地干活，当初和包工头或者用人单位是怎么约定的、现在被拖欠了多少工资等事情工友最熟悉。

律师提醒

平时打工应当注意收集信息，比如工程施工信息、包工头的身份信息等。如果包工头拒不支付工钱，紧急情况下可以拨打“110”，即使警察帮忙调解不成功，也能留下“110”出警记录作为凭证。

31 建筑工人如何用好施工现场公示的维权信息？

《保障农民工工资支付条例》第三十四条规定，施工总承包单位应当在施工现场醒目位置设立维权信息告示牌，明示下列事项：（一）建设单位、施工总承包单位及所在项目部、分包单位、相关行业工程建设主管部门、劳资专管员等基本信息；（二）当地最低工资标准、工资支付日期等基本信息；（三）相关行业工程建设主管部门和劳动保障监察投诉举报电话、劳动争议调解仲裁申请渠道、法律援助申请渠道、公共法律服务热线等信息。

律师提醒

农民工朋友在进入工地工作前，要首先注意了解施工现场公示的维权信息，一旦遇到自身合法权益受到侵害的情况，要善于及时运用有关信息依法维权。

32 包工头卷钱逃跑，劳动者该怎么办？

（1）劳动者可以直接找将工程承包给包工头的建筑公司索要工资。在法律上，劳动者和包工头之间并不存在劳动关系，是与将工程转给包工头的建筑公司建立了劳动关系。用人单位应当将工资直接支付给劳动者，不能与包工头结算。即使用人单位把钱给了包工头，也可以继续要求用人单位支付工资。

（2）如果工程挂靠在一个劳务公司名下（包工头只是借用这个公司的名字来承包工程，其实工地上的管理、工程款等都是包工头自己的），劳动者可以直接去找包工头挂靠的劳务公司，要求其支付工资。

（3）如果包工头逃跑了，但工程款并没有和发包方、总承包方结算，劳动者可以将发包人、转包人和违法分包人一并起诉，争取尽早拿到工钱。

（4）如果劳动者没有掌握有力证据，找用人单位或者发包方讨薪也没有十足把握，建议通过协商方式，要求支付部分工资；待收集到相关证据后，可通过仲裁或诉讼要回全部的工资。

33 被欠薪农民工申请法律援助有哪些便利条件?

2019年4月《司法部关于充分发挥职能作用认真做好根治拖欠农民工工资有关工作的意见》中明确要求，各地要在“12348”公共法律服务热线电话设立根治欠薪服务专席，公共法律服务中心（站、室）根据条件设置专门窗口，确保农民工及时得到法律咨询和法律援助。要开通农民工欠薪法律援助“绿色通道”，对欠薪农民工一律免于审查经济困难条件，简化审批手续，努力做到当天申请、当天受理、当天审批、当天指派律师提供法律援助。

律师提醒

农民工朋友遇到合法权益受到侵害的情况时，要善于向当地法律援助机构寻求帮助，通过法律咨询、委托代写法律文书、委托代理仲裁诉讼等方式，提高依法维权的时效性和精准度。申请法律援助时，需要按照有关规定提交身份证明材料，同时应当尽可能提供与争议事项有关的证据材料。

职业病防治篇

34 什么是职业病？

根据《中华人民共和国职业病防治法》（以下简称《职业病防治法》）的规定，职业病是指企业、事业单位和个体经济组织等用人单位的劳动者在职业活动中，因接触粉尘、放射性物质和其他有毒、有害因素而引起的疾病。《工伤保险条例》中规定的患职业病，指的是工伤保险条例覆盖范围内的所有用人单位的劳动者在职业活动中，因接触粉尘、放射性物质和其他有毒、有害物质等因素而引起的疾病。

律师提醒

认定职业病具体要明确两点：一是职业病是《工伤保险条例》覆盖范围内的用人单位的职工所患的职业病；二是必须是上述单位内的职工在职业活动中引起的疾病。

35 劳动者享有哪些职业卫生权利？

职业卫生权利，亦称劳动保护权，是指劳动者在职业劳动中人身安全和身心健康获得保障，

从而免遭职业危害的权利。职业卫生权利的基础是人的生命和健康，因而它是最基本人权的体现。

根据《职业病防治法》第四条的规定，劳动者依法享有职业卫生保护的权利。第三十九条进一步明确了劳动者享有的七项权利：

（1）获得职业卫生教育、培训；

（2）获得职业健康检查、职业病诊疗、康复等职业病防治服务；

（3）了解工作场所产生或者可能产生的职业病危害因素、危害后果和应当采取的职业病防护措施；

（4）要求用人单位提供符合防治职业病要求的职业病防护设施和个人使用的职业病防护用品，改善工作条件；

（5）对违反职业病防治法律、法规以及危及生命健康的行为提出批评、检举和控告；

（6）拒绝违章指挥和强令进行没有职业病防护措施的作业；

（7）参与用人单位职业卫生工作的民主管理，对职业病防治工作提出意见和建议。

律师提醒

用人单位应当保障劳动者行使上述权利。因劳动者依法行使正当权利而降低其工资、福利等待遇或者解除、终止与其订立的劳动合同的，用人单位的行为无效。

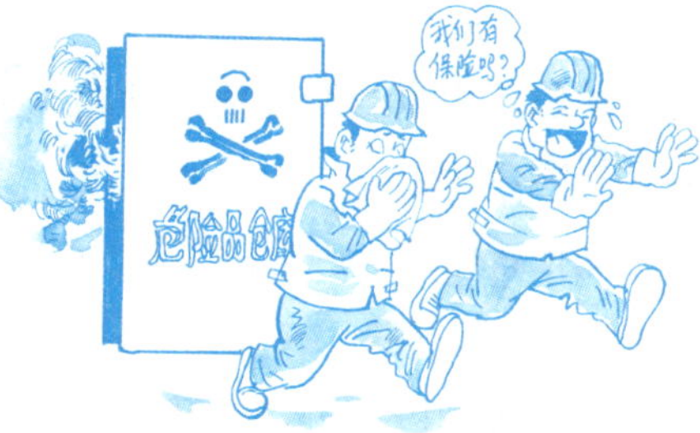

36 要是怀疑自己患了职业病，应该到哪里进行诊断？

劳动者怀疑自己患有职业病，可以到经省级卫生行政部门批准、公布的职业病诊断机构进行职业病诊断。到哪个职业病诊断机构进行诊断，劳动者有选择权。《职业病防治法》第四十四条规定，劳动者可以在用人单位所在地、本人户籍所在地或者经常居住地依法承担职业病诊断的医疗卫生机构进行职业病诊断。

律师提醒

关于劳动者的户籍所在地、经常居住地的界定，法律规定：劳动者户籍所在地是指劳动者在户口登记机关登记的住址；经常居住地是指除住院就医外，离开住所地已连续居住一年以上的地方。

37 用人单位不提供与职业病诊断相关的资料时，劳动者该怎么办？

职业病诊断难、鉴定难是当前我国职业病防治工作面临的突出问题。主要是用人单位在职业病诊断、鉴定过程中不依法提供相关资料，导致劳动者无法提出职业病诊断申请。在这种情况下，为使职业病诊断、鉴定工作能够顺利进行，《职业病防治法》第四十八条规定：

职业病诊断、鉴定过程中，用人单位不提供工作场所职业病危害因素检测结果等资料的，诊断、鉴定机构应当结合劳动者的临床表现、辅助检查结果和劳动者的职业史、职业病危害接触史，并参考劳动者的自述、卫生行政部门提供的日常监督检查信息等，作出职业病诊断、鉴定结论。

劳动者对用人单位提供的工作场所职业病危害因素检测结果等资料有异议，或者因劳动者的用人单位解散、破产，无用人单位提供上述资料的，诊断、鉴定机构应当提请卫生行政部门进行调查，卫生行政部门应当自接到申请之日起三十日内对存在异议的资料或者工作场所职业病危害因素情况作出判定；有关部门应当配合。

律师提醒

如果用人单位拒不提供相关材料，诊断、鉴定机构一方面可以进行工作场所调查，也可以由安监部门组织调查；另一方面可以根据相关监管部门提供的情况，根据临床表现，包括劳动者的自述，由诊断、鉴定机构作出诊断、鉴定结论。在用人单位不提供资料的情况下也可以作出诊断。另外，还需要劳动保障部门对劳动关系进行进一步的确认。

38 如果患上职业病，劳动者享有哪些工伤保险待遇？

工伤保险是劳动者在工作中或在规定的特殊情况下，遭受意外伤害，或患职业病导致暂时或永久丧失劳动能力以及死亡时，劳动者或其遗属从国家和社会获得物质帮助的一种社会保险制度。

按照我国现行管理体制，职业病待遇纳入工伤保险，统一由人力资源和社会保障部门管理。根据《工伤保险条例》的规定，工伤待遇包括：工伤医疗待遇、辅助器具配置待遇、停工留薪期待遇、工伤伤残待遇。

律师提醒

职业病诊断、鉴定的费用应由用人单位承担。这些费用一般包括：必要的诊断、鉴定取证费，如工作场所调查、劳动者体检、实验室检验等费用；诊断、鉴定过程中的一些资料费用，如有关医疗证明材料、劳动关系证明材料等资料费用；诊断、鉴定过程中所必需的交通费等。劳动者可以直接要求用人单位承担，也可以在垫付后，凭支付证明要求用人单位予以报销。

39 患上职业病享受工伤保险后，还能要求用人单位赔偿吗？

可以。根据《职业病防治法》第五十八条规定，职业病病人除依法享有工伤保险外，依照有关民事法律，尚有获得赔偿的权利的，有权向用人单位提出赔偿要求。现实生活中，一些职业病病人往往因丧失劳动能力生活困难，而工伤保险所能支付的待遇，难以完全补偿职业病病人因病所受到的损失。在这种情况下，职业病病人除享受工伤保险待遇外，还可以向用人单位提出赔偿要求。提出赔偿的范围以补足劳动者的实际损失为限，受伤害的职工在获得工伤保险补偿后，可以就未获得补偿的部分再向所属用人单位提出民事赔偿主张。用人单位拒绝赔偿的，职业病病人可以向人民法院起诉。

律师提醒

劳动者被诊断患有职业病，但用人单位没有依法参加工伤保险的，其医疗和生活保障由该用人单位承担。

女职工特殊权益保护篇

40 什么是女职工劳动保护?

女职工劳动保护，是针对女职工的生理特点而进行的特殊保护。它主要研究生产过程中劳动条件对女职工身体健康的影响及防止职业有害因素对女性生理机能的影响，以保护女职工能够健康持久地从事生产劳动，保障育龄女职工能够孕育健康的下一代。国际劳工组织的有关资料显示，女职工劳动保护包括四个方面的内容：

（1）保护母性，即保护女性机能，如“四期”（经期、孕期、产期、哺乳期）保护；

（2）规定女职工的工作时间，如孕妇、乳母禁止加班加点及不上夜班等；

（3）禁止女职工从事危险有害作业；

（4）女性与男性有同等就业机会，同工同酬。

律师提醒

在法律上对女职工给予特殊保护，是由女职工身体条件和所担负任务的特殊性所决定的。

41 什么是女职工“四期”保护?

女职工“四期”保护是对女性生理机能变化过程即经期、孕期、产期、哺乳期的劳动保护。《中华人民共和国妇女权益保障法》(以下简称《妇女权益保障法》)、《劳动法》、《劳动合同法》、《女职工劳动保护特别规定》等均对此作出规定，主要包括用人单位不得因女职工怀孕、生育、哺乳降低其工资，予以辞退，与其解除劳动合同或者聘用合同；不得安排经期、孕期、哺乳期女职工从事禁忌劳动范围的劳动；对孕期、哺乳期延长劳动时间和夜班劳动的限制；产假和哺乳假等规定。

律师提醒

产期保护包括正产，也包括小产（流产）。女职工怀孕流产的，其所在单位应当根据医疗机构的证明，给予一定时间的产假。

42 用人单位应采取哪些措施做好女职工劳动保护？

为切实做好女职工劳动保护工作，用人单位应当严格遵守国家有关劳动安全卫生的法律、法规，不得安排女职工从事禁忌劳动；要采取措施改善劳动安全卫生条件，加强对劳动安全卫生设备、设施的管理，加强对危险物品、危险源的管理，提供符合标准要求的劳动安全卫生防护用品，进行经常性的劳动安全卫生检查；要保障女职工的知情权，将本单位属于女职工禁忌从事的劳动范围的岗位，书面告知女职工；要对女职工进行劳动安全卫生知识培训，使女职工了解有关劳动安全卫生法律、法规和标准，掌握与本职工作相关的劳动卫生知识与技能，掌握符合劳动安全卫生要求的操作规程，学习正确使用劳动保护防护用品，掌握可能发生事故的应急救援措施，帮助女职工提高自我防护意识和技能。

律师提醒

职业场所是劳动保护的主要场所，因

此，用人单位是保护女职工职业安全和健康的责任主体，《女职工劳动保护特别规定》对用人单位规定了明确而严格的法律义务，包括职责性法律义务和禁止性法律义务。职责性法律义务主要包括用人单位应当采取措施改善女职工劳动安全卫生条件，对女职工进行劳动安全卫生知识培训。禁止性法律义务主要包括用人单位不得因女职工怀孕、生育、哺乳降低其工资、予以辞退、与其解除劳动或者聘用合同。

43 用人单位能否降低孕期、产期、哺乳期女职工工资或与其解除劳动合同？

《妇女权益保障法》《劳动法》《劳动合同法》

《女职工劳动保护特别规定》等均作出规定，为减轻女职工在怀孕、哺乳期间的经济压力和心理压力、确保母婴健康提供了法律保障。《女职工劳动保护特别规定》第五条明确规定：“用人单位不得因女职工怀孕、生育、哺乳降低其工资、予以辞退、与其解除劳动或者聘用合同。”根据《劳动合同法》第四十二条、第四十五条规定，如果不存在该法第三十九条规定的六种情形之一的，处于孕期、产期、哺乳期的女职工没有主动提出辞职或者提出解除、终止劳动合同的，用人单位就不得辞退女职工或者与其解除、终止劳动合同；即使此时双方签订的劳动合同到期，如果女职工没有同意终止劳动合同，用人单位也不得单方终止劳动合同，劳动合同期限自动延长到孕期、产期、哺乳期结束。

律师提醒

用人单位不得无故与产假期间的女职工解除劳动合同，产假期间的女职工如遇无故解除劳动合同可以提起仲裁或诉讼，要求用人单位支付违法解除劳动合同赔偿金或继续履行劳动合同。

44 女职工在经期可享受哪些特殊劳动保护？

女职工在月经期间，正常的生理机能和机体活动能力出现变化，身体防御能力暂时被破坏，生理波动较大，作业能力下降，工作效率降低。月经期间的女职工可以照常劳动，但不能参加过重的体力劳动，不能参加高处、低温、冷水等作业。《女职工劳动保护特别规定》附录第二条规定了女职工在经期禁忌从事的劳动范围：

（1）冷水作业分级标准中规定的第二级、第三级、第四级冷水作业；

（2）低温作业分级标准中规定的第二级、第三级、第四级低温作业；

（3）体力劳动强度分级标准中规定的第三级、第四级体力劳动强度的作业；

（4）高处作业分级标准中规定的第三级、第四级高处作业。

律师提醒

《女职工保健工作规定》中规定，患有重度痛经及月经过多的女职工，经医疗或妇幼保健机构确诊后，月经期间可适当给予1至2天的休假。

45 女职工在孕期可享受哪些特殊劳动保护？

孕期主要指女性从受孕到产出胎儿的这段时间，通常为280天。女职工怀孕后，体内各系统负担加重，劳动能力受到一定影响，因此，应当在劳动中获得特殊保护，以保证孕妇健康和胎儿的正常发育。

根据《女职工劳动保护特别规定》第六条第一款和第二款的规定，女职工在孕期不能适应原劳动的，用人单位应当根据医疗机构的证明，予以减轻劳动量或者安排其他能够适应的劳动；对怀孕7个月以上的女职工，用人单位不得延长劳动时间或者安排夜班劳动，并应当在劳动时间内安排一定的休息时间。此外，用人单位不得安排怀孕女职工从事怀孕期间禁忌从事的劳动。

律师提醒

对怀孕7个月以上的女职工，不得安排其延长工作时间和夜班劳动是一个强制性规定，不因用人单位支付加班加点工资而改变。如果用人单位违反了这一规定，根据《女职工劳动保护特别规定》第十三条规定，由县级人力资源社会保障行政部门责令限期改正，按照受侵害女职工每人1000元以上5000元以下的标准计算，处以罚款。

46 女职工生育享受多少天产假？

《女职工劳动保护特别规定》第七条第一款规定，女职工生育享受98天产假，其中产前可以休假15天；难产的，增加产假15天；生育多胞胎的，每多生育一个婴儿，增加产假15天。

女职工怀孕未满4个月流产的，享受15天产假；怀孕满4个月流产的，享受42天产假。

律师提醒

根据2015年12月修改的《中华人民共和国人口与计划生育法》（以下简称《人口与计划生育法》）的规定，从2016年1月1日开始，国家提倡一对夫妻生育两个子女，符合法律、法规规定生育子女的夫妻，可以获得延长生育假的奖励或者其他福利待遇。

各地产假和男方护理假（陪产假）一览表

地区	产假	护理假（陪产假）
北京市	128天（单位同意可再增加1至3个月）	15天
天津市	128天	7天
河北省	158天	15天
山西省	158天	15天
内蒙古自治区	158天	25天
辽宁省	158天	15天
吉林省	158天（单位同意可延长至1年）	15天
黑龙江省	180天	15天
上海市	128天	10天
江苏省	128天	15天

续表

地区	产假	护理假（陪产假）
浙江省	128 天	15 天
安徽省	158 天	10 天（异地 20 天）
福建省	158～180 天	15 天
江西省	188 天	30 天
山东省	158 天	7 天
河南省	98 天+3 个月	1 个月
湖北省	128 天	15 天
湖南省	158 天	20 天
广东省	178 天	15 天
广西壮族自治区	148 天	25 天
海南省	98 天+3 个月	15 天
重庆市	128 天（单位同意可连续休假至子女 1 周岁）	15 天
四川省	158 天	20 天
贵州省	158 天	15 天
云南省	158 天	30 天
西藏自治区	1 年	30 天
陕西省	158 天+10 天（参加孕前检查）	15 天（异地 20 天）
甘肃省	180 天	30 天
青海省	158 天	15 天
宁夏回族自治区	158 天	25 天
新疆维吾尔自治区	128 天	15 天

注：根据各地人口与计划生育条例整理（截至 2021 年 10 月），仅供参考。

47 女职工生育或流产期间的工资如何支付？

《女职工劳动保护特别规定》第八条第一款规定：女职工产假期间的生育津贴，对已经参加生育保险的，按照用人单位上年度职工月平均工资的标准由生育保险基金支付；对未参加生育保险的，按照女职工产假前工资的标准由用人单位支付。

律师提醒

产假期间的工资标准：(1) 女职工产假期间的生育津贴或工资，按照女职工所在的用人单位在上年度为该职工月平均缴费工资除以30天再乘以产假天数计算，由社会保险经办机构拨付到用人单位，用人单位应按职工的实际工资收入发放生育津贴。计算生育津贴的产假天数按自然天数。(2) 生育津贴即产假期间的工资，女职工的实际工资收入低于本市最低工资标准的，按当地最低工资标准计发。

48 女职工生育和流产的医疗费用如何支付？

《女职工劳动保护特别规定》第八条第二款

规定：女职工生育或流产的医疗费用，按照生育保险规定的项目和标准，对已经参加生育保险的，由生育保险基金支付；对未参加生育保险的，由用人单位支付。

律师提醒

女职工生育或流产后，由本人或所在用人单位持当地计划生育部门签发的计划生育证明，婴儿出生、死亡或流产证明，到当地社会保险经办机构办理手续，领取生育津贴和报销生育医疗费。

49 什么是生育保险？如何缴纳？

生育保险是国家通过立法，在劳动者因生育子女而暂时中断劳动时，由国家和社会及时给予物质帮助的一项社会保险制度。我国生育保险待遇主要包括两项：一是生育医疗待遇；二是生育津贴。生育保险是社会保障制度的重要内容之一，推行生育保险制度，可使我国的社会保险制度得以健全，使社会成员都能分享到社会发展的成果。

《社会保险法》第五十三条规定，职工应当参加生育保险，由用人单位按照国家规定缴纳生育保险费，职工不缴纳生育保险费。

律师提醒

生育保险费用实行社会统筹，用人单位按照本单位职工工资总额的一定比例缴纳生育保险，缴费比例一般不超过0.5%。

50 生育保险待遇主要包括哪些内容？哪些人可以享受生育保险待遇？

生育保险待遇包括生育医疗费用和生育津贴。

生育医疗费用包括下列几项：（1）生育的医疗费用；（2）计划生育的医疗费用；（3）法律、法规规定的其他项目费用。

职工有下列情形之一的，可以按照国家规定享受生育津贴：（1）女职工生育享受产假；（2）享受计划生育手术休假；（3）法律、法规规定的其他情形。

律师提醒

生育医疗费用的范畴包括检查费、接生费、手术费、住院费和药费等，这些均可由生育保险基金支付。但要注意，这部分费用有限额规定，超出规定的部分需要职工自己负担。

51 女职工在哺乳期内用人单位不得安排其从事哪些劳动？

女职工生育至哺乳期内，身体恢复需要一定的时间，同时承担着哺乳婴儿的责任。女职工的身体健康直接影响到下一代的健康，为此，《女职工劳动保护特别规定》第九条第一款规定：对哺乳未满1周岁婴儿的女职工，用人单位不得延长劳动时间或者安排夜班劳动。

女职工在哺乳期间禁忌从事的劳动范围有：

（1）作业场所空气中铅及其化合物、汞及其化合物、苯、镉、铍、砷、氰化物、氮氧化物、一氧化碳、二硫化碳、氯、己内酰胺、氯丁二烯、氯乙烯、环氧乙烷、苯胺、甲醛等有毒物质浓度超过国家职业卫生标准的作业；

（2）非密封源放射性物质的操作，核事故与放射事故的应急处置；

（3）体力劳动强度分级标准中规定的第三级、第四级体力劳动强度的作业；

（4）作业场所空气中锰、氟、溴、甲醇、有机磷化合物、有机氯化合物等有毒物质的浓度超过国家职业卫生标准的作业。

律师提醒

由于女性在身体结构和生理特点上都与男职工存在很大差别，这决定了女职工在一定情况下不宜从事特别繁重和较大强度的体力劳动，否则，会引发疾病，影响身体健康，甚至影响下一代健康成长。

生活保障篇

52 哪些伤害属于工伤?

根据《工伤保险条例》第十四条的规定，下列情形属于工伤。

(1) 在工作时间和工作场所内，因工作原因受到事故伤害的。如农民工在建筑工地上班时被钢材砸伤，或者从高处坠落受伤。

(2) 工作时间前后在工作场所内，从事与工作有关的预备性或者收尾性工作受到事故伤害的。如职工在下班后收拾工具或者将材料运回仓库时受伤的。

(3) 在工作时间和工作场所内，因履行工作职责受到暴力等意外伤害的。这种工伤较常见的是保安在工作期间被人打伤。

(4) 患职业病的。职业病是工伤中的一种特殊类型，但并不是所有在工作中得的病都是职业病，只有符合职业病目录的，才能认定为职业病，如在工作中接触有毒物质而中毒，因高温中暑等。

(5) 因工外出期间，由于工作原因受到伤害或者发生事故下落不明的。如司机在运输货物过程中遭遇洪水而下落不明的，或者在出差期间遇到海难、地震或其他原因而下落不明的。

（6）在上下班途中，受到非本人主要责任的交通事故或者城市轨道交通、客运轮渡、火车事故伤害的。如下班时发生车祸而受伤。需要注意的是，这种情形下认定工伤，必须是职工不承担事故的主要责任的。

（7）法律、行政法规规定应当认定为工伤的其他情形。

除了上述几种明确属于工伤的情形外，《工伤保险条例》第十五条还规定了“视同工伤”的几种情况。这里所说的“视同工伤”，是指虽然不符合上述工伤的情形，但是由于职工受伤与工作有紧密联系，或者是为了维护国家利益、社会利益，因此也按照工伤来处理。

（1）在工作时间和工作岗位，突发疾病死亡或者在48小时之内经抢救无效死亡的；

（2）在抢险救灾等维护国家利益、公共利益活动中受到伤害的；

（3）职工原在军队服役，因战、因公负伤致残，已取得革命伤残军人证，到用人单位后旧伤复发的。

律师提醒

被认定为工伤后劳动者才能享受工伤保险待遇。因此，如果劳动者在工作中受伤，用人单位却说不是工伤，这时劳动者应当尽早向相关部门申请认定工伤，否则可能无法享受工伤保险待遇。

53 发生工伤后，谁来申请工伤认定，费用由谁承担？

根据法律规定，劳动者发生工伤事故伤害或者按照《职业病防治法》规定被诊断、鉴定为职业病，所在单位应当自事故伤害发生之日或者被诊断、鉴定为职业病之日起 30 日内，向统筹地区社会保险行政部门提出工伤认定申请。遇有特殊情况，经报社会保险行政部门同意，申请时限可以适当延长。

用人单位未在规定的期限内提出工伤认定申请的，受伤害职工或者其直系亲属、工会组织在事故伤害发生之日或者被诊断、鉴定为职业病之日起 1 年内，可以直接提出工伤认定申请。工伤认定申请应向用人单位所在地设区的市级社会保险行政部门提出。申请工伤认定是免费的。

律师提醒

如果劳动者发生工伤，用人单位没有为此提出工伤认定申请，劳动者一定要在事故伤害发生之日或者被诊断、鉴定为职业病之日起 1 年内提出工伤认定申请。

54 申请工伤认定，要提供哪些材料？

申请工伤认定，应提供以下材料：

（1）工伤认定申请表（一式四份，在社会保险行政部门领取）；

（2）与用人单位存在劳动关系（包括事实劳

动关系）的证明材料，包括劳动合同或者工资报酬的领取证明、工友同事的书面证明等；

（3）医疗诊断证明书或者职业病诊断证明书（或者职业病诊断鉴定书）；

（4）职工居民身份证（复印件）；

（5）有特殊情形的，还要分别提供相应的证明材料，如职工死亡的，要提交死亡证明等。

律师提醒

认定工伤最重要的材料就是劳动者与用人单位存在劳动关系的证明和发生工伤时的证人证言。因此发生工伤后，要尽快取得这些证据。

55 用人单位在外地注册的，发生工伤后应当去哪里申请工伤认定？

如果用人单位为劳动者缴纳了工伤保险费，发生伤害事故后，可以直接到收取保险费的劳动部门认定工伤。如果用人单位没有为劳动者缴纳工伤保险费，劳动者应当向用人单位营业执照登记的住所地的区（县）劳动保障行政部门提出工伤认定申请。在建筑行业里，有些用人单位在一个地方登记注册，但是在另外一个地方承包工程，这种情况下，申请工伤认定应当到用人单位在本市生产经营地的区（县）劳动部门申请工伤认定。

律师提醒

一般来说，劳动者在哪里受伤，就到其所在地区的劳动部门申请工伤认定。

56 如果劳动者对劳动部门作出的工伤认定结论不服，该怎么办？

劳动行政部门作出的工伤认定结论属于劳动部门的行政行为。如果劳动者对劳动部门作出的不认定为工伤或不视同为工伤的认定结论不服，比如劳动者认为自己的情况属于工伤，可人社局作出了不予认定工伤的结论，根据《工伤保险条例》第五十五条规定：“有下列情形之一的，有关单位或者个人可以依法申请行政复议，也可以依法向人民法院提起行政诉讼：……（二）申请工伤认定的职工或者其近亲属、该职工所在单位对工伤认定结论不服的；……”可以由劳动者本人、其近亲属或者所在单位，到当地政府申请行政复议，也可以直接到人民法院提起行政诉讼。

律师提醒

如果对行政复议结果不服的，还可以到法院提起行政诉讼。

57 受伤职工应该在什么时间申请劳动能力鉴定？

依据《工伤保险条例》规定，受伤职工应当在经治疗伤情相对稳定后，申请进行劳动能力鉴定。劳动能力鉴定由用人单位、工伤职工或者其近亲属向设区的市级劳动能力鉴定委员会提出申请，并提供工伤认定决定和职工工伤医疗的有关资料。职工工伤医疗的有关资料就是受到事故伤害或者患职业病的职工在医院治疗过程中的病历等资料。

设区的市级劳动能力鉴定委员会收到劳动能力鉴定申请后，应当从其建立的医疗卫生专家库中随机抽取 3 名或者 5 名相关专家组成专家组，由专家组提出鉴定意见。设区的市级劳动能力鉴定委员会根据专家组的鉴定意见作出工伤职工劳动能力鉴定结论；必要时，可以委托具备资格的医疗机构协助进行有关的诊断。

设区的市级劳动能力鉴定委员会应当自收到劳动能力鉴定申请之日起 60 日内作出劳动能力鉴定结论，必要时，作出劳动能力鉴定结论的期限可以延长 30 日。劳动能力鉴定结论应当及时送达申请鉴定的单位和个人。

律师提醒

如果劳动者发生工伤，自劳动能力鉴定结论作出之日起1年后，由本人或者其近亲属、所在单位或者经办机构认为伤残情况发生变化的，可以申请劳动能力复查鉴定。劳动能力鉴定表中有是否安装辅助器具的选项，如果需要安装假肢、假眼、假牙或配置轮椅，一定要选上该项。

58 用人单位没有缴纳工伤保险费，劳动者能享受工伤保险待遇吗？

用人单位应当为所有劳动者缴纳工伤保险费，这是法律的强制性规定，而且保险费只由单位缴纳，个人不承担。

2011年7月1日开始实施的《社会保险法》第四十一条规定："职工所在用人单位未依法缴纳工伤保险费，发生工伤事故的，由用人单位支付工伤保险待遇。用人单位不支付的，从工伤保险基金中先行支付。"

用人单位没有缴纳工伤保险费，劳动者可以向劳动部门举报；发生工伤后发现没有缴纳工伤保险费的，用人单位应当按照《工伤保险条例》中的规定向劳动者支付工伤保险待遇。用人单位拒绝支付或者劳动者对支付的数额有异议，可以向劳动仲裁部门申请仲裁。

律师提醒

如果劳动者发生了工伤，不论用人单位是否缴纳了工伤保险费，都可以享受工伤保险待遇。

59 发生工伤后，用人单位能不能解除劳动关系？

根据《劳动法》的规定，如果劳动者患职业病或者因工负伤并被确认丧失或者部分丧失劳动能力的，患病或者负伤，在规定的医疗期内的，用人单位都不得以《劳动法》第二十六条、第二十七条的规定解除劳动关系。

根据《工伤保险条例》第三十五条、第三十六条、第三十七条的规定，职工因工致残被鉴定为一级至四级伤残的，保留劳动关系，退出工作岗位，享受相应的工伤保险待遇；伤残为五级、六级的，保留劳动关系，由用人单位安排适当工作，难以安排工作的，由用人单位按月发给伤残津贴；伤残为七级到十级的，在符合《劳动合同法》规定情况下可以解除或终止劳动关系。

律师提醒

在发生工伤后，用人单位的劳动关系解除权受到比较严格的限制，如果单位提出解除劳动关系，一定要谨慎对待，积极依法维权。

60 劳动者在非法用工单位发生事故后，能否得到赔偿？

无营业执照或者未经依法登记、备案的单位以及被依法吊销营业执照或者撤销登记、备案的单位的职工受到事故伤害或者患职业病的，由该

单位向伤残职工或者死亡职工的近亲属给予一次性赔偿，赔偿标准不得低于《工伤保险条例》规定的工伤保险待遇；具体赔偿标准依照《非法用工单位伤亡人员一次性赔偿办法》。

律师提醒

农民工朋友在寻找工作机会时，一定要增强自我保护意识，首先要核实用人单位是否合法用工，尽可能避免因非法用工而造成的维权困境。

申请工伤及工伤争议处理示意图

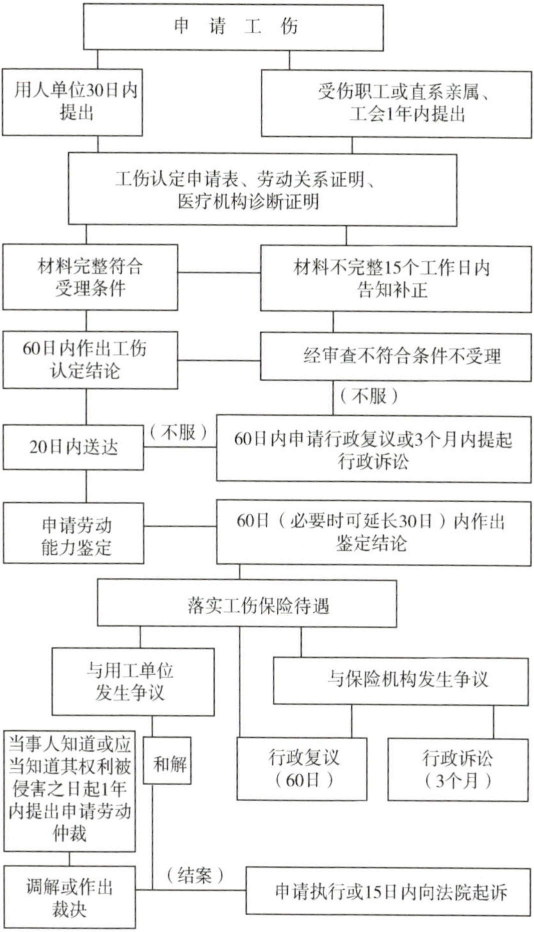

工伤待遇一览表

前注：1. 参加工伤保险统筹的单位，＊项为工伤保险基金支出，其余各项为用人单位支出；未参加工伤保险统筹的单位，所有各项均由用人单位支出。

2. 本人工资是指工伤职工因工作遭受事故伤害或患职业病前12个月平均工资。本人工资低于工伤职工死亡时本市上年度平均工资60%的，按照职工工伤时本市上年度平均工资的60%计算。

3. 外地农民工可以一次性领取伤残津贴。

<table>
<tr><td>补偿类别
伤残类别</td><td>停工留薪期待遇</td><td colspan="4">停工留薪期一般不超过12个月，伤情严重或者情况特殊，经劳动能力鉴定委员会确认，可适当延长，但延长不得超过12个月。工伤职工享受的工资福利不变，生活不能自理的停工留薪期由单位负责护理</td></tr>
<tr><td rowspan="10">因工伤残待遇</td><td rowspan="3">＊护理费按月发放</td><td>全部护理</td><td colspan="3">本市上年度职工月平均工资×50%</td></tr>
<tr><td>大部分护理</td><td colspan="3">本市上年度职工月平均工资×40%</td></tr>
<tr><td>部分护理</td><td colspan="3">本市上年度职工月平均工资×30%</td></tr>
<tr><td>残疾辅助器具</td><td colspan="4">需要配置残疾辅助器具的，经劳动鉴定委员会批准，按国内普通类型从工伤保险基金支付，单位没交保险的，由单位报销</td></tr>
<tr><td colspan="2" rowspan="2"></td><td rowspan="2">伤残津贴*</td><td colspan="2">一次性待遇</td></tr>
<tr><td>伤残补助金*</td><td>医疗补助金＊和伤残就业补助金</td></tr>
<tr><td rowspan="4">完全丧失劳动能力</td><td>1级</td><td>本人工资×90%</td><td>本人工资的27个月</td><td rowspan="4">无</td></tr>
<tr><td>2级</td><td>本人工资×85%</td><td>本人工资的25个月</td></tr>
<tr><td>3级</td><td>本人工资×80%</td><td>本人工资的23个月</td></tr>
<tr><td>4级</td><td>本人工资×75%</td><td>本人工资的21个月</td></tr>
</table>

续表

因工伤残待遇	大部分丧失劳动能力	5 级	本人工资×70%	本人工资的18个月	一次性工伤医疗补助金和一次性伤残就业补助金的具体标准由省、自治区、直辖市人民政府制定
		6 级	本人工资×60%	本人工资的16个月	
	部分丧失劳动能力	7 级	无	本人工资的13个月	
		8 级	无	本人工资的11个月	
		9 级	无	本人工资的9个月	
		10 级	无	本人工资的7个月	
因工死亡待遇	* 丧葬补助金		本市上年度职工月平均工资×6个月		
	* 一次性工伤补助金		在工作时间和工作岗位，突发疾病死亡或在48小时经抢救无效死亡的，按上一年度全国城镇居民人均可支配收入的20倍		
	* 供养亲属抚恤金（按月发给）		配偶：本人工资×40%；其他供养亲属：本人工资×30%； 孤寡老人或孤儿：在以上基础上增加10% 注：各供养亲属抚恤金之和不能超过死亡职工生前工资		

劳动能力鉴定、确认申请表

市（区、县）（　　年）劳鉴字第　　号

姓　　名：__________　性　　别：__________

身份证号：__________　照　　片：__________

单位名称：__________　联系电话：__________

申请鉴定原因：

1. 工伤评残　2. 工伤直接导致其他疾病确认　3. 延长停工留薪期确认　4. 配置辅助器具确认　5. 更换辅助器具确认　6. 因病提前退休劳动能力鉴定　7. 医疗期满　8. 再次鉴定　9. 复查鉴定

认定编号：__________

工伤证号：__________

工伤认定结论：__________

伤病发生时间：__________

诊治医疗机构：__________

医疗机构伤病诊断结论：__________

疾病诊治过程简述（可附页）：__________

提供资料情况：

1. 定点医疗机构出具的诊断证明______张；

2. 工伤医疗服务机构出具的休假证明______张；

3. 工伤医疗服务机构安装辅助器具建议______份；

4. 门诊（住院）病历______页；

5. 检查、化验单______张；

6. 其他材料______页。

职工本人意见：________________________________

（签字　　年　　月　　日）

用人单位意见：________________________________

（盖章　　年　　月　　日）

备注：________________________________

61 用人单位应当为劳动者缴纳哪些保险?

依照规定，用人单位应当为劳动者缴纳：（1）基本养老保险；（2）基本医疗保险；（3）失业保险；（4）工伤保险；（5）生育保险。其中工伤保险费、生育保险费全部由用人单位缴纳，基本养老保险费、基本医疗保险费、失业保险费由用人单位和劳动者共同缴纳。

基本养老保险、基本医疗保险、失业保险和工伤保险是用人单位必须为劳动者缴纳的；1995年1月1日试行的《企业职工生育保险试行办法》适用于城镇企业及其职工，并没有排除农民工，但各地制定实施办法不一，有的地区没有将农民工纳入生育保险覆盖范围，有的地区则将农民工纳入了生育保险覆盖范围。如果农民工所在地区将其纳入了生育保险覆盖范围，农民工所在单位就应该按规定为农民工缴纳生育保险费，符合规定条件的农民工应当依法享受生育保险待遇。

律师提醒

如果用人单位没有为劳动者缴纳保险费，劳动者可以要求用人单位支付相应费用，还可以向劳动保障部门或社保部门投诉。

62 如果不参加社会保险，单位能不能把保险费折算到劳动者的工资里发放？

不能。用人单位给劳动者参加社会保险，是法律的强制性规定，不论劳动者想不想参加社会保险，单位都不能把保险费折算到工资里。国务院颁布的《社会保险费征缴暂行条例》明确规定，“缴费个人应当缴纳的社会保险费，由所在单位从其本人工资中代扣代缴”。

有些劳动者觉得有没有保险无所谓，还不如现在多给自己发点工资来得实惠。这种做法从表面上看增加了收入，但实际上不仅使单位逃避了其应当承担的责任，而且更重要的是对劳动者养老、工伤、医疗等保险待遇权益造成了侵害。比如养老保险，单位要按照个人工资的20%缴费，个人则按工资标准的8%缴费，如果单位不缴纳保险，把保险费折算到工资里，实际上单位多发的只是劳动者应当缴纳的8%。看起来每个月都多拿到了一些钱，但实际上单位省下的更多；而且，如果不参加养老保险，将来劳动者老了也领不到退休金，生活缺乏保障。

律师提醒

用人单位将社会保险费通过工资或补贴等任何现金形式发放给个人，都是虚假提高薪酬、规避为劳动者缴纳社会保险费用的违法行为，侵害了劳动者享受社会保障的合法权益。

63 用人单位拒绝为劳动者缴纳社会保险时该怎么办？

根据《劳动保障监察条例》第十一条的规定，劳动保障行政部门对用人单位参加各项社会保险和缴纳社会保险费的情况实施劳动保障监察。用人单位没有为劳动者缴纳社会保险的，可以向当地的劳动保障行政部门举报。

根据《社会保险费征缴暂行条例》《社会保险费征缴监督检查办法》的相关规定，用人单位未按照规定办理社会保险登记、变更登记或者注销登记，或者未按照规定申报应缴纳的社会保险费数额的，由劳动保障行政部门责令限期改正；情节严重的，对直接负责的主管人员和其他直接责任人员可以处1000元以上5000元以下的罚款；情节特别严重的，对直接负责的主管人员和其他直接责任人员可以处5000元以上10000元以下的罚款。缴费单位逾期拒不缴纳社会保险费、滞纳金的，由劳动保障行政部门或者税务机关申请人民法院强制征缴。

律师提醒

劳动者应该及时查询用人单位是否为自己足额缴纳保险费，对没有缴纳的，可向劳动监察部门或社会保险行政部门举报。

64 劳动者能不能加入医疗保险这个“大家庭”？

在外工作，最怕的是得病，特别是得大病。农村进城务工人员如果得了较严重的疾病，仅靠新型农村合作医疗保险远远不够，难以支付在城市的医疗费用。如果劳动者在一个用人单位工作，和这个单位形成了劳动关系，用人单位也有义务提供医疗保险。

按照目前我国的情况，进城务工的农民工有权参加基本医疗保险，按规定缴纳医疗保险费，享受相应的基本医疗保险待遇。但具体如何参保，要根据不同的情况来定。

如果有就业单位，签订劳动合同并与企业建立稳定劳动关系的农村进城务工人员，就应该要纳入城镇职工基本医疗保险制度，由用人单位和务工人员共同缴纳保险费用。其他的农村进城务工人员根据自身的实际情况，参加户籍所在地的新型农村合作医疗或务工所在地的城镇居民基本医疗保险。

律师提醒

无雇工的个体工商户、未在用人单位参加职工基本医疗保险的非全日制从业人员以及其他灵活就业人员可以参加职工基本医疗保险，由个人按照国家规定缴纳基本医疗保险费。

65 新型农村合作医疗“家庭”有什么成员？

新型农村合作医疗制度是由政府组织、引导、支持，农民自愿参加，个人、集体和政府多方筹资，以大病医疗统筹为主要内容的农民医疗互助共济制度。新型农村合作医疗原则上适用于具有农业户口的农村居民。关于新型农村合作医疗的适用对象，全国没有统一规定，各地根据自己的情况制定。

新型农村合作医疗与职工基本医疗保险不同，农民参加合作医疗以自愿为原则，不是法定义务，不能硬性要求农民参加，也不能硬性要求集体经济组织出资。这是由目前农村经济发展水平决定的，农民自愿参加，就不会人为加重农民负担。然而农村合作医疗的性质决定了其需要有一定数量的人参加才能正常运作，因此，农村基层组织需要积极引导农民参加合作医疗保险制度。

律师提醒

俗话说：“不怕穷，就怕病。”一个家庭有一人得了大病，就可能拖累全家，对生产生活造成严重影响。农民参加新型农村合作医疗，首先是个人得益。其次，新型农村合作医疗由政府扶持，在一般地区，政府支持的资金超过农民个人的出资，如果农民不参加，也是一种损失。最后，即使自己不得病，也等于帮助了乡亲，做了一件善事，今后自己有病，还能得到补偿。

66 进城务工人员原有的农村合作医疗怎么办？

城乡各类流动就业人员按照现行规定相应参加城镇职工基本医疗保险、城镇居民基本医疗保险或新型农村合作医疗，不得同时参加和重复享受待遇。各地不得以户籍等原因设置参加障碍。

农村户籍人员在城镇单位就业并有稳定劳动关系的，由用人单位按照《社会保险登记管理暂行办法》的规定办理登记手续，参加就业地城镇职工基本医疗保险。其他流动就业的，可自愿选择参加户籍所在地新型农村合作医疗或就业地城镇居民基本医疗保险，并按照有关规定到户籍所在地新型农村合作医疗经办机构或就业地社会（医疗）保险经办机构办理登记手续。

新型农村合作医疗参合人员参加城镇居民基本医疗保险后，由就业地社会（医疗）保险经办机构通知户籍所在地新型农村合作医疗经办机构办理转移手续，按当地规定退出新型农村合作医疗，不再享受新型农村合作医疗待遇。

由于劳动关系终止或其他原因中止城镇居民基本医疗保险关系的农村户籍人员，可凭就业地社会（医疗）保险经办机构出具的参保凭证，向户籍所在地新型农村合作医疗经办机构申请，按当地规定参加新型农村合作医疗。

律师提醒

农村户籍人员在城镇单位就业并有稳定劳动关系的，由用人单位按照《社会保险登记管理暂行办法》的规定办理登记手续，参加就业地城镇职工基本医疗保险。

67 结婚应具备哪些法定条件?

（1）结婚必须男女双方完全自愿。我国《婚姻法》中明确规定了禁止干涉婚姻自由，禁止包办和买卖婚姻，禁止借婚姻索取财物。但在实践中，应该合理区分父母对于子女的恋爱和婚姻提出建议与干涉婚姻的区别，应该把实践中存在的彩礼与买卖婚姻和借婚姻索取财物进行合理区分。

（2）结婚必须达到法定婚龄。我国《民法典》规定的法定婚龄是指，男不得早于22周岁，女不得早于20周岁，晚婚晚育应予鼓励。在我国的广大农村地区，早婚现象比较普遍。如果当事人没有达到法定婚龄，他们之间的关系是不受《婚姻法》保护的。

（3）符合一夫一妻制。男女双方当事人结婚时都处于非婚姻状态，要么未婚、要么离异、要么丧偶。如果一方已经有一个合法有效的婚姻关系，则不能再准予其登记结婚。

68 哪些情况不允许结婚？

直系血亲或者三代以内的旁系血亲禁止结婚。直系血亲包括：父母子女间，祖父母、外祖父母与孙子女、外孙子女间。三代以内旁系血亲包括：（1）同源于父母的兄弟姊妹（含同父异母、同母异父的兄弟姊妹）。（2）不同辈的叔、伯、姑、舅、姨与侄（女）、甥（女）。

69 什么是无效婚姻？法律规定哪些情况属于无效婚姻？

所谓无效婚姻是指因不具备法定结婚实质要件或形式要件的男女结合，在法律上不具有婚姻效力的制度。

具体而言，无效婚姻有两种情况：（1）当事人没有办理结婚登记，从而两者之间的关系不具有婚姻效力的一种情形。（2）当事人不具备结婚的实质要件的情形。主要包括：重婚的；有禁止结婚的亲属关系的；婚前患有医学上认为不应当结婚的疾病，婚后尚未治愈的；未到法定婚龄的。

70 什么是夫妻共同财产和夫妻个人财产？

夫妻在婚姻关系存续期间所得的下列财产，为夫妻共同财产，归夫妻共同所有：（一）工资、奖金和其他劳务报酬；（二）生产、经营、投资的收益；（三）知识产权的收益；（四）继承或赠与所得的财产，但遗嘱或赠与合同中确定只归一方的财产除外；（五）其他应当归共同所有的财产。夫妻对共同所有的财产，有平等的处理权。

有下列情形之一的，为夫妻一方的财产：（一）一方的婚前财产；（二）一方因身体受到伤害获得的赔偿和补偿；（三）遗嘱或赠与合同中确定只归一方的财产；（四）一方专用的生活用品；（五）其他应当归一方的财产。

71 关于农民工子女就学问题有哪些规定？

党和国家领导人对入城农民工子女教育十分关心。习近平曾在2007年提出，要解决好农民工子女教育问题。2010年，习近平寄语农民工子弟学校孩子“少年有志，国家有望。希望你们勤奋学习、提高本领，热爱集体、团结互助，勇敢坚强、诚实守信，快乐生活、全面发展，努力成为中国特色社会主义事业的建设者和接班人”。2013年，习近平总书记看望在京过年农民工代表，为其子女送书包，表达了对农民工子女的重视和深切关怀。

（1）我国《宪法》《教育法》和《未成年人保护法》等法律对入城农民工子女就学提供了法律依据。如我国《宪法》第十九条、第三十三条、第四十六条规定，公民享有平等的受教育权，这是入城农民工子女就学的宪法依据。为实现这种权利，国家发展教育事业。

（2）保证农民工子女平等接受教育。中央政府明确提出“要解决农民工子女义务教育阶段上学困难问题，让每个孩子都有平等接受义务教育的机会”。一些地方政府为落实宪法和法律规定，结合本地实际，出台了相关规定，主要包括平等接受教育、不得拒绝农民工子女入学、减免相关费用等。有的地方将农民工子女教育纳入本市教育发展规划，坚持以公办学校为主接收入学，农民工子女与本市户籍学生享受同等待遇。

（3）纳入当地教育规划。2006年开始，为保障农民工子女平等接受义务教育，输入地政府要承担起农民工同住子女义务教育的责任，将农民工子女义务教育纳入当地教育发展规划，列入教育经费预算，以全日制公办中小学为主接收农民工子女入学，并按照实际在校人数拨付学校公用经费。城市公办学校对农民工子女接受义务教育要与当地学生在收费、管理等方面同等对待，不得违反国家规定向农民工子女加收借读费及其他任何费用。输入地政府对委托承担农民工子女义务教育的民办学校，要在办学经费、师资培训等方面给予支持和指导，提高办学质量。输出地政府要解决好农民工托留在农村子女的教育问题。

（4）建立农民工子女接受义务教育的经费筹措保障机制。2003 年政府首次直接把政策焦点对准了农民工子女，就他们在就学等方面作出了一些新规定，包括明确了流入地政府对农民工子女接受义务教育工作的责任，提出了建立农民工子女接受义务教育的经费筹措保障机制，规定流入地政府财政部门要对接收农民工子女较多的学校给予补助；提出了在收费标准、减免费用等方面农民工子女与城市学生一视同仁的要求，并要求通过设立助学金、减免费用、免费提供教科书等方式帮助家庭经济困难的农民工子女就学，等等。

（5）费用支持。2011 年 3 月为贯彻落实

《国务院关于做好免除城市义务教育阶段学生学杂费工作的通知》精神，确保进城务工农民工随迁子女平等接受义务教育，中央财政下拨45.68亿元，对进城务工农民工随迁子女接受义务教育问题解决较好的省份给予适当奖励。资金主要用于接收农民工子女的城市义务教育阶段学校补充公用经费和改善办学条件等支出，不得用于偿还债务或挪作他用。

72 关于农民工城镇落户问题有哪些政策？

（1）深化户籍管理制度的改革。2006年国务院在《关于解决农民工问题的若干意见》中提出，要逐步地、有条件地解决长期在城市就业和居住农民工的户籍问题。中小城市和小城镇要适当放宽农民工落户条件；大城市要积极稳妥地解决符合条件的农民工户籍问题，对农民工中的劳动模范、先进工作者和高级技工、技师以及其他有突出贡献者，应优先准予落户。具体落户条件，由各地根据城市规划和实际情况自行制定。改进农民工居住登记管理办法。

（2）对落户农民工权利的保护。2012年，《国务院办公厅关于积极稳妥推进户籍管理制度改革的通知》指出，农民工落户城镇，是否放弃宅基地和承包的耕地、林地、草地，必须完全尊重农民本人的意愿，不得强制或变相强制收回。引导农民进城落户要遵守法律法规和国家政策，充分考虑农民的当前利益和长远生计，不能脱离实际，更不能搞强迫命令。

（3）有序推进农业转移人口市民化。2013年，《中共中央、国务院关于加快发展现代农业进一步增强农村发展活力的若干意见》提出，把推进人口城镇化特别是农民工在城镇落户作为城镇化的重要任务。

（4）加快户籍制度改革。2013年，党的十八届三中全会明确："加快户籍制度改革，全面放开建制镇和小城市落户限制，有序放开中等城市落户限制，合理确定大城市落户条件，严格控制特大城市人口规模。"

（5）促进新生代农民工举家进城落户。2016年，《国务院办公厅关于推动1亿非户籍人口在城市落户方案的通知》中明确，以农村学生升学和参军进入城镇的人口、在城镇就业居住5年以上和举家迁徙的农业转移人口以及新生代农民工为重点，促进有能力在城镇稳定就业和生活的农业转移人口举家进城落户。

（6）地方政策规定。一些地方对优秀农民工落户城镇户口，提出了更具吸引力和可操作性的措施：如江苏省《关于做好优秀农民工落户城镇工作的意见》明确，只要符合下列四个条件之一者便可申请落户，即在就业地获得地级市以上党委、政府、农民工工作领导小组、流动人口工作领导小组表彰、嘉奖或授予荣誉称号；取得技师以上职业资格证书；取得高级工职业资格证书，在就业地工作并连续缴纳社会保险费满2年；带高新技术成果在江苏省创办企业或实施转化的。上述人员年龄在18~50周岁，户籍仍在农村，纳入就业登记，签订劳动合同，缴纳社会保险费，遵守计划生育规定，已办理暂住证或居住证的，都可以申请在就业地城镇落户。

劳动争议处理篇

73 什么是劳动争议？劳动者与用人单位发生劳动争议后有哪些解决途径？

劳动争议又称劳动纠纷，是指劳动关系当事人之间因劳动权利和义务产生分歧而引起的纷争。根据我国相关法律规定，在劳动者与用人单位发生劳动争议后，可以采取多种途径予以解决。

（1）协商解决。发生劳动争议后，劳动者可以与用人单位协商，也可以请工会或者第三方共同与用人单位协商，达成和解协议。

（2）请求相关机构调解解决。若当事人不愿协商、协商不成或者达成和解协议后不履行的，可以向调解组织申请调解。

（3）到劳动争议仲裁委员会申请仲裁。不愿调解、调解不成或者达成调解协议后不履行的，可以向劳动争议仲裁委员会申请仲裁。

（4）向人民法院提起诉讼。对仲裁裁决不服的，劳动争议双方均可向人民法院提起诉讼。

在此需要注意一点，《中华人民共和国劳动争议调解仲裁法》（以下简称《劳动争议调解仲裁法》）第四十七条明确规定了有两种情况为一裁终局制，因此如果用人单位对这两类裁决不服的，只能向有管辖权的中级人民法院依法提出撤销仲裁裁决的诉讼。反之，劳动者对此裁决不服的，可以直接到基层人民法院提起诉讼。

律师提醒

综上所述，虽然我国法律规定解决劳动争议的途径很多，但还是要提醒劳动争议双方注意以下几点：(1) 协商和调解并不是劳动争议解决的必经途径。(2) 劳动争议仲裁是提起劳动争议诉讼的先置程序。除法律特别规定外，对未经劳动仲裁的案件，法院不予受理。

74 发生劳动争议，劳动者可以到哪些调解组织申请调解？

《劳动争议调解仲裁法》第十条规定，发生劳动争议，当事人可以到下列调解组织申请调解：

（1）企业劳动争议调解委员会；

（2）依法设立的基层人民调解组织；

（3）在乡镇、街道设立的具有劳动争议调解职能的组织。

企业劳动争议调解委员会由职工代表和企业代表组成。职工代表由工会成员担任或者由全体职工推举产生，企业代表由企业负责人指定。企业劳动争议调解委员会主任由工会成员或者双方推举的人员担任。

《劳动争议调解仲裁法》第十二条规定，当事人申请劳动争议调解可以书面申请，也可以口头申请。口头申请的，调解组织应当当场记录申请人基本情况、申请调解的争议事项、理由和时间。

律师提醒

达成调解协议后，一方当事人在协议约定期限内不履行调解协议的，另一方当事人可以依法申请仲裁。

75 和单位发生劳动争议后，劳动者应该到哪个劳动争议仲裁委员会提出申请？

根据《劳动争议调解仲裁法》第二十一条的规定，劳动争议由劳动合同履行地或者用人单位所在地的劳动争议仲裁委员会管辖。双方当事人

分别向劳动合同履行地和用人单位所在地的劳动争议仲裁委员会申请仲裁的，由劳动合同履行地的劳动争议仲裁委员会管辖。

这里所说的“劳动合同履行地”，通常是指劳动者干活所在地；“用人单位所在地”则是指用人单位的注册地。如果出现不一致的情况，申请仲裁时，优先选择劳动合同履行地。如果劳动者的工作地点不固定，比如负责产品维修的员工，或者经常被派往各地超市的促销员，这种情况下申请仲裁时最好到用人单位所在地。

劳动争议仲裁委员会在收到仲裁申请之日起5日内，符合受理条件的申请，应当受理，并通知申请人；对不符合受理条件的申请，应当书面通知申请人不予受理，并说明理由。对劳动争议仲裁委员会不予受理或者逾期没有作出决定的，申请人可以直接向法院起诉。

律师提醒

根据《劳动争议调解仲裁法》的规定，劳动争议仲裁是不收费的。

76 在发生劳动争议后，应在多长时间内申请仲裁？

《劳动争议调解仲裁法》第二十七条规定，劳动争议仲裁的时效期间为一年。仲裁时效期间从当事人知道或者应当知道其权利被侵害之日起计算。如果在一年的时效期间里，劳动者曾向用人单位主张过权利的，或者向有关部门请求过权利救济的，再或者单位同意履行义务的，有以上任何一种情形发生的，仲裁时效就中断了，从中断时起，仲裁时效期间会重新计算。比如劳动者被单位解雇之后，没有给工资和补偿，从解雇之日起1年开始计算仲裁时效；3个月后，劳动者首先向劳动监察部门投诉，那么仲裁时效就从投诉之日起中断，又按照1年时间重新起算，此前的3个月不计算在内。

如果有不可抗力或者其他正当理由，不能在上述规定的仲裁时效期间申请仲裁的，仲裁时效中止。从中止时效的原因消除之日起，仲裁时效的期间继续计算。

律师提醒

劳动者知道或者应当知道其权利被侵害之日，是指有证据表明劳动者知道自己的权利被侵害的日期，或者根据一般规律推定劳动者知道自己的权利被侵害的日期，即劳动争议发生之日。

77 哪些劳动争议案件可以提起先予执行申请？

《劳动争议调解仲裁法》第四十四条规定，仲裁庭对追索劳动报酬、工伤医疗费、经济补偿或者赔偿金的案件，根据当事人的申请，可以裁决先予执行，移送人民法院执行。

仲裁庭裁决先予执行的，应当符合下列

条件：

（1）当事人之间权利义务关系明确；

（2）不先予执行将严重影响申请人的生活。

律师提醒

劳动者申请先予执行的，可以不提供担保。

78 劳动争议案件仲裁裁决是否一旦作出就生效？

劳动争议案件通常是“一裁二审”。也就是说，劳动者和单位如果对仲裁裁决不服，还可以起诉到人民法院，进行审理。因此，仲裁裁决作出后，除非劳动者和单位双方都不起诉，才能生效。

根据《劳动争议调解仲裁法》第四十七条的规定，有两类劳动争议案件是“一裁终局”的，此两类案件裁决作出后用人单位不享有到法院起诉的权利。

（1）追索劳动报酬、工伤医疗费、经济补偿或者赔偿金，不超过当地月最低工资标准 12 个月金额的争议；

（2）因执行国家的劳动标准在工作时间、休息休假、社会保险等方面发生的争议。

律师提醒

即使是“一裁终局”的案件，劳动者如果对裁决不服，仍然有权向法院起诉；如果用人单位不服的，只有在特定情形下才能向仲裁委员会所在地的中级人民法院申请撤销裁决，裁决被撤销后劳动者和用人单位都可以就该劳动争议事项向人民法院提起诉讼。

79 对仲裁裁决不服应该怎么办?

劳动争议当事人对非终局仲裁裁决不服的，可以自收到仲裁裁决书之日起 15 日内向人民法院提起诉讼。期满不起诉的，裁决书即发生法律效力。一方当事人在法定期限内不起诉又不履行仲裁裁决的，另一方当事人可以申请人民法院强制执行。

律师提醒

对仲裁裁决不服的，劳动者和用人单位双方都可以起诉。如果劳动者对裁决比较满意不准备起诉的，就要在 15 日期满后及时要求用人单位支付相关赔偿；用人单位不履行的，劳动者要到仲裁委员会所在地的人民法院申请强制执行。

80 什么是工会法律援助制度？哪些情形可以申请工会法律援助？

工会法律援助制度，是指工会组织根据《工会法》《劳动合同法》《法律援助条例》《中国工会章程》和《工会法律援助办法》等法律法规和工会规章，为保证职工、工会工作者和工会组织的各项法定权利在现实生活中得以实现，对需要通过法律手段维护自身合法权益，但因经济困难无力支付法律服务费用或有其他特殊困难的职工，权益受到侵害的工会工作者和所属工会组织，由工会及其法律援助机构依法为他们提供诉讼或非诉讼的无偿法律服务，使其合法权益免受非法侵害，保障其合法权益得以实现的法律制度。

工会法律援助的范围主要包括：（1）劳动争议案件；（2）因劳动权益涉及的职工人身权、民主权、财产权受到侵犯的案件；（3）工会工作者因履行职责合法权益受到侵犯的案件；（4）工会组织合法权益受到侵犯的案件；（5）工会认为需要提供法律援助的其他事项。

律师提醒

目前，劳动关系日趋复杂，侵犯职工特别是困难职工、农民工合法权益的劳动争议数量增加，这些职工对法律、法规不太熟悉，又没有能力聘请律师。工会法律援助机构通过提供法律咨询，参与劳动争议协商、调解，代理劳动争议仲裁和诉讼等法律手段，在化解劳动关系矛盾，维护职工合法权益，促进劳动关系和谐与社会稳定中发挥了积极、重要的作用，成为政府法律援助的重要补充。

劳动监察一览表

劳动监察的职责	(1) 宣传劳动保障法律、法规和规章，督促用人单位贯彻执行
	(2) 检查用人单位遵守劳动保障法律、法规和规章的情况
	(3) 受理对违反劳动保障法律、法规或者规章行为的举报、投诉
	(4) 依法纠正和查处违反劳动保障法律、法规或者规章的行为
劳动监察的范围	(1) 用人单位制定内部劳动保障规章制度的情况
	(2) 用人单位与劳动者订立劳动合同的情况
	(3) 用人单位遵守禁止使用童工规定的情况
	(4) 用人单位遵守女职工和未成年工特殊劳动保护规定的情况
	(5) 用人单位遵守工作时间和休息休假规定的情况
	(6) 用人单位支付劳动者工资和执行最低工资标准的情况
	(7) 用人单位参加各项社会保险和缴纳社会保险费的情况
	(8) 职业介绍机构、职业技能培训机构和职业技能考核鉴定机构遵守国家有关职业介绍、职业技能培训和职业技能考核鉴定的规定的情况
	(9) 法律、法规规定的其他劳动保障监察事项
劳动监察的管辖	对用人单位的劳动保障监察，由用人单位用工所在地的县级或者设区的市级劳动保障行政部门管辖
	上级劳动保障行政部门根据工作需要，可以调查处理下级劳动保障行政部门管辖的案件。劳动保障行政部门对劳动保障监察管辖发生争议的，报请共同的上一级劳动保障行政部门指定管辖
劳动监察的形式	劳动保障监察以日常巡视检查、审查用人单位按照要求报送的书面材料以及接受举报投诉等形式进行
劳动监察的处理期限	劳动保障行政部门对违反劳动保障法律、法规或者规章的行为的调查，应当自立案之日起60个工作日内完成；对情况复杂的，经劳动保障行政部门负责人批准，可以延长30个工作日

续表

劳动监察的时效	违反劳动保障法律、法规或者规章的行为在2年内未被劳动保障行政部门发现，也未被举报、投诉的，劳动保障行政部门不再查处
	前款规定的期限，自违反劳动保障法律、法规或者规章的行为发生之日起计算；违反劳动保障法律、法规或者规章的行为有连续或者继续状态的，自行为终了之日起计算
劳动监察的受理条件	(1) 违反劳动保障法律的行为发生在2年内的
	(2) 有明确的被投诉用人单位，且投诉人的合法权益受到侵害是被投诉用人单位违反劳动保障法律的行为所造成的
	(3) 属于劳动保障监察职权范围并由受理投诉的劳动保障行政部门管辖
劳动监察的受理	对符合受理条件的投诉，劳动保障行政部门应当在接到投诉之日起5个工作日内依法受理，并于受理之日立案查处
	对不符合上述受理条件第（1）项规定的投诉，劳动保障行政部门应当在接到投诉之日起5个工作日内决定不予受理，并书面通知投诉人
	对不符合上述受理条件第（2）项规定的投诉，劳动保障监察机构应当告知投诉人补正投诉材料
	对不符合上述受理条件第（3）项规定的投诉，即对不属于劳动保障监察职权范围的投诉，劳动保障监察机构应当告诉投诉人；对属于劳动保障监察职权范围但不属于受理投诉的劳动保障行政部门管辖的投诉，应当告知投诉人向有关劳动保障行政部门提出
劳动监察的处理	劳动保障行政部门立案调查完成，应在15个工作日内作出行政处罚（行政处理或者责令改正）或者撤销立案决定；特殊情况，经劳动保障行政部门负责人批准可以延长

劳动争议仲裁流程表

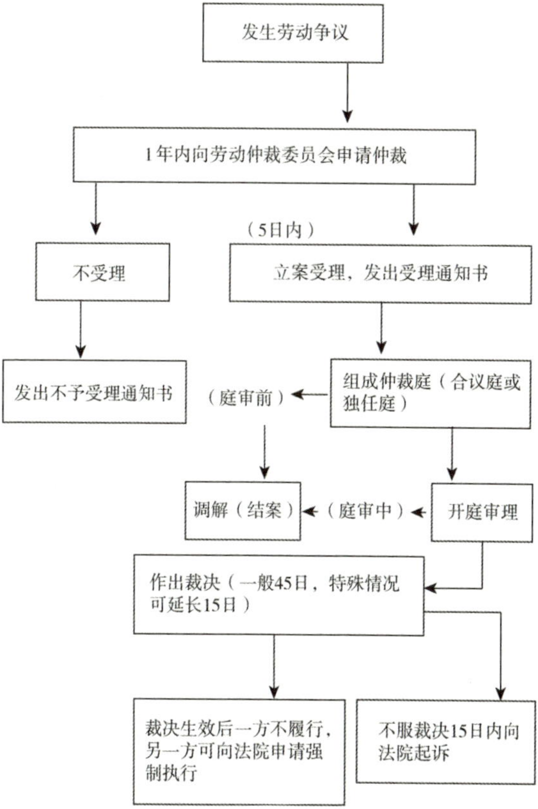
发生劳动争议
1年内向劳动仲裁委员会申请仲裁
不受理
（5日内）
立案受理，发出受理通知书
发出不予受理通知书
组成仲裁庭（合议庭或独任庭）
（庭审前）
调解（结案）
（庭审中）
开庭审理
作出裁决（一般45日，特殊情况可延长15日）
裁决生效后一方不履行，另一方可向法院申请强制执行
不服裁决15日内向法院起诉

民事诉讼程序表

审级	审理程序	期限（审理期限从立案之日起计算）
一审	受理案件期限	人民法院应当在收到起诉状后7日内决定是否受理
	简易程序	简易程序审理第一审案件，应当在3个月内审结
	普通程序	普通程序审理第一审案件，应当在立案之日起6个月内审结。有特殊情况需要延长的，由本院院长批准，可以延长6个月；还需要延长的，报请上级人民法院批准
二审	判决的审理	对于判决的审理应当在3个月内审结
	裁定的审理	对于裁定的审理应当在30天内审结
再审	申请再审	当事人申请再审，应当在判决、裁定发生法律效力后2年内提出
	再审审理	人民法院决定再审的，按照一审或者二审程序审理，审理期限同一审或者二审程序的审理期限
执行	申请执行（从法律文书规定履行期间的最后一日起计算）	一方或双方是公民的，为1年
		双方是法人或其他组织的，为6个月
	执行期限	人民法院办理执行案件，应当在2年内办结

民事诉讼时效及特别程序表

诉讼时效的规定：

时效类别	法律规定	期间
一般诉讼时效	除法律另有规定外，一般情况下向人民法院请求保护民事权利的诉讼时效期间	3年（《民法总则》最新规定）
特殊诉讼时效	身体受到伤害要求赔偿	1年
	出售质量不合格的商品未声明	
	延付或拒付租金的	
	寄存财物被丢失或毁损	
	环境污染损害赔偿	3年
最长诉讼时效	从权利被侵害之日起超过20年，人民法院不予保护	20年

说明：1. 诉讼时效的起算：诉讼时效从知道或者应当知道权利被侵害时起计算。

2. 诉讼时效中止：诉讼时效期间的最后6个月内，因不可抗力或者其他障碍不能行使请求权的，诉讼时效中止。从中止时效的原因消除之日起，诉讼时效继续计算。

3. 诉讼时效中断：诉讼时效因提起诉讼、一方当事人提出要求或者同意履行义务而中断。从中断时起，诉讼时效期间重新计算。

先予执行程序：

适用范围	追索赡养费、扶养费、抚育费、抚恤金、医疗费用
	追索劳动报酬
	需要立即停止侵害排除妨害的
	需要立即制止某项行为的
	需要立即返还用于购置生产原料、生产工具货款的
	追索恢复生产、经营急需的保险理赔的
适用条件	当事人之间权利义务关系明确，不先予以执行将严重影响申请人的生活或者生产经营的
	被申请人有履行能力
担保	人民法院责令申请人提供担保的，申请人应当提供，否则驳回申请

劳动违法案件举报书

被举报单位（个人）名称：________________

单位性质：________　邮政编码：________

法定代表人（或负责人）：________________

电　　话：________________

单位地址：________________

举报人姓名：________________

性　　别：________________

年　　龄：________________

联系地址：________________

联系电话：________________

手　　机：________________

接待人姓名：________________

接待时间：________________

举报违法事实：________________

____

举报请求：________________

____

____

举报人签字：

举报时间：

申请书

<table>
<tr><td rowspan="6">申请人</td><td colspan="2">姓　　名</td><td></td><td>性 别</td><td></td><td>出生日期</td><td></td></tr>
<tr><td colspan="2">经常居住地住址</td><td colspan="5"></td></tr>
<tr><td colspan="2">户口所在地住址</td><td colspan="5"></td></tr>
<tr><td colspan="2">户口性质
（城镇、农村）</td><td></td><td>现工作单位</td><td colspan="3"></td></tr>
<tr><td colspan="2">是否签订合同</td><td></td><td>职　　业</td><td colspan="3"></td></tr>
<tr><td colspan="2">联系电话</td><td></td><td>身份证件
类型及号码</td><td colspan="3"></td></tr>
<tr><td rowspan="10">被申请人</td><td colspan="2">单位名称</td><td colspan="2"></td><td colspan="3"></td></tr>
<tr><td colspan="2">企业性质</td><td colspan="2"></td><td colspan="3"></td></tr>
<tr><td colspan="2">境外合资方名称</td><td colspan="2"></td><td colspan="3"></td></tr>
<tr><td colspan="2">中方主管单位</td><td colspan="2"></td><td colspan="3"></td></tr>
<tr><td rowspan="3">法定代表人</td><td>姓名</td><td colspan="2"></td><td colspan="3"></td></tr>
<tr><td>性别</td><td colspan="2"></td><td colspan="3"></td></tr>
<tr><td>职务</td><td colspan="2"></td><td colspan="3"></td></tr>
<tr><td colspan="2">住所地</td><td colspan="2"></td><td colspan="3"></td></tr>
<tr><td colspan="2">办公地或经营地</td><td colspan="2"></td><td colspan="3"></td></tr>
<tr><td colspan="2">法人代码</td><td colspan="2"></td><td colspan="3"></td></tr>
<tr><td></td><td colspan="2">联系电话</td><td colspan="2"></td><td colspan="3"></td></tr>
</table>

请求事项：____

____

____

事实和理由：______________________________________

____

____

此致

××劳动争议仲裁委员会

申请人：________

____年____月____日

备注：①本表须用蓝黑或黑色钢笔（签字笔）填写，内容较多写不下时，可在中间加页；②递交申诉书时，应提交原件一份并按被诉人人数提供相应的复印件；③职工提出申诉时应提交身份证复印件一份，企业提出申诉时应提交《企业法人营业执照》副本复印件一份。

民事起诉状

原告：姓名：________ 性别：________ 年龄：________

民族：________ 职业：____________

住址：____

联系电话：____________________________________

被告：用人单位名称：______________________________

法定代表人姓名职务：______________________________

单位住址：____

电　　话：____

诉讼请求：____

事实和理由：______________________________________

此致

____________________人民法院

具状人姓名：______________________

__________年__________月__________日

附：本状副本________份

证　　据________份

工会维权篇

81 农民工可以加入工会吗？加入工会需要具备哪些条件？

农民工有权依法加入工会。用人单位工会应当依法吸收农民工入会，任何组织和个人不得限制或者变相限制农民工自愿加入工会。

加入工会需要具备以下三个条件：

（1）以工资收入为主要生活来源或者与用人单位建立劳动关系是职工加入工会的必要条件；

（2）承认《中国工会章程》是职工加入工会的前提条件；

（3）自愿申请加入工会。

职工自愿申请加入工会，既是对工会的认识问题，又是对工会的态度问题，先由个人提出申请，工会小组讨论通过，再报基层工会委员会批准，绝不强迫命令。

律师提醒

中国工会是中国共产党领导的职工自愿结合的工人阶级群众组织，是会员和职工利益的代表者和维护者。

82 工会可以提供哪些普惠服务？

（1）在劳动就业上，注重指导帮助农民工签订劳动合同，开展就业援助、技能培训、创业扶持、小额贷款，培育扶持农民工就业创业示范基地和创业典型，并成规模、高效率地开展农民工培训。

（2）在工资报酬上，围绕工时工价、劳动定额等开展集体协商；以建筑施工、公路和水利建设、加工制造、餐饮服务及劳动密集型企业、劳务派遣企业为重点，推动建立欠薪报告制度。

（3）在社会保障上，引导农民工增强社保意识，督促企业按时足额缴纳社会保险，提高农民工参保率，并推动解决社保缴费、转移、接续等问题。

（4）在安全生产上，组织更多农民工参与群众性劳动安全卫生监督检查，扩大“安康杯”竞赛覆盖面。重点关注建筑业、采矿业等高危行业安全防护工作，在工伤认定、劳动能力鉴定、工作保险待遇落实等方面有效帮助农民工。

（5）在困难帮扶上，深入开展“送温暖”“送清凉”“金秋助学”“农民工平安返乡”等活动。帮助农民工解决生产生活中遇到的实际困难。

律师提醒

近年来，工会在农民工服务方面，重点关注农民工的劳动就业、工资报酬、社会保障、安全生产、困难帮扶等方面的工作，并推广普惠化服务。

83 加入工会的一般程序是什么？

《中国工会章程》第二条规定：“职工加入工会，由本人自愿申请，经工会基层委员会批准并发给会员证。”

职工加入工会的具体程序是：（1）本人自愿申请。由要求入会的职工向所在单位工会提出书面（口头）申请，填写《中华全国总工会入会申请书》和《工会会员登记表》，报基层工会委员会。(2) 基层工会委员会批准并发给会员证。基层工会委员会接到职工入会申请书后，应当及时召开会议，研究审查接纳职工入会事项。主要内容有：①申请人是否符合入会条件；②是否自愿；③是否符合入会手续。凡符合条件和入会手续的应当批准。批准后发给其《工会会员证》，并通知申请人从何时起交纳会费。

律师提醒

加入工会后，如果换了新工作，工会会员资格依然是有效的。职工在更换工作单位后，需将工会组织关系转到新的用人单位工会去。

84 农民工可以在哪里加入工会？

在发展农民工入会的过程中，为了方便农民工入会，简化农民工入会手续，可以采取集体登记入会、街道和社区直接吸收农民工入会等方式，有效地推动农民工最大限度地加入工会。各市县（区）总工会统筹协调本地各类重点群体入会工作。

具有来说，农民工可以通过以下渠道加入工会：(1) 在务工企业入会；(2) 在村社区工会入会；(3) 在乡镇（街道）工会入会；(4) 在行业工会入会；(5) 在工业园区工会入会；(6) 在施工项目工会入会。

律师提醒

2015年4月，中华全国总工会下发《关于“开展农民工入会集中行动”实施方案》的通知，把省级以上开发区（工业园区），建筑项目、物流（快递）业、家庭服务业、农业专业合作组织等作为农民工入会重点，引导各地工会聚焦重点、有针对性地开展工作。在组织农民工入会工作中，要注重发挥地方工会和产业工会两方面积极性，强化目标牵引，加强分工协作，形成全会一盘棋推进工作的良好态势。要立足职工与互联网结合日益紧密的趋势，充分运用信息化手段畅通入会渠道，努力将各类重点群体纳入会员实名制管理体系，积极与新兴互联网信息平台企业合作，实现发展会员“精准定位”、服务职工“按需施策”，自下而上打造“工惠驿家”等服务品牌，以有效服务促进有效入会。

85 成为工会会员后享有哪些权利、应尽哪些义务?

加入工会，成为工会会员，就可以依法行使会员的权利。根据《中国工会章程》的相关规定，会员享有以下权利。

（1）选举权、被选举权和表决权。

（2）对工会工作进行监督，提出意见和建议，要求撤换或者罢免不称职的工会工作人员。

（3）对国家和社会生活问题及本单位工作提出批评与建议，要求工会组织向有关方面如实反映。

（4）在合法权益受到侵犯时，要求工会给予保护。

（5）工会提供的文化、教育、体育、旅游、疗休养事业、生活救助、法律服务、就业服务等优惠待遇；工会给予的各种奖励。

（6）在工会会议和工会媒体上，参加关于工会工作和职工关心问题的讨论。

工会会员享有会员权利的同时，还应当尽以

下几方面义务。

（1）学习政治、经济、文化、法律、科学、技术和工会基本知识。

（2）积极参加民主管理，努力完成生产和工作任务。

（3）遵守宪法和法律，践行社会主义核心价值观，维护社会公德和职业道德，遵守劳动纪律。

（4）正确处理国家、集体、个人三者利益关系，向危害国家、社会利益的行为做斗争。

（5）维护中国工人阶级和工会组织的团结统一，发扬阶级友爱，搞好互助互济。

（6）遵守工会章程，执行工会决议，参加工会活动，按月缴纳会费。

律师提醒

工会组织是职工合法权益的维护者，是职工可以信赖的“娘家人”。

86 加入工会以后，需要缴纳多少会费？

缴纳会费是工会会员应尽的义务，同时也是会员在工会组织内部享受权利的物质基础。会员缴纳工会会费，体现了会员的组织观念，密切了会员与工会组织的联系，同时也有利于增强职工之间的互助互济和团结友爱。

根据《中华全国总工会关于收交工会会费的通知》规定，工会会员应依据月工资收入的0.5%按月向基层工会缴纳会费，工资尾数不足10元的，不计缴会费。会员缴纳的会费，全部留在基层，用于工会开展活动，无须上交。

律师提醒

我国工会组织的建立实行自愿结合的原则，职工享有自愿入会、退会自由的权利。

新冠肺炎疫情防控期间
劳动关系问题篇

87 受新冠肺炎疫情影响生产经营困难的企业，可否与职工协商调整薪酬？

《人力资源社会保障部办公厅关于妥善处理新型冠状病毒感染的肺炎疫情防控期间劳动关系问题的通知》（人社厅明电〔2020〕5号）中明确指出：企业因受疫情影响导致生产经营困难的，可以通过与职工协商一致采取调整薪酬、轮岗轮休、缩短工时等方式稳定工作岗位，尽量不裁员或者少裁员。符合条件的企业，可按规定享受稳岗补贴。

律师提醒

《劳动合同法》第三十五条规定，用人单位与劳动者协商一致，可以变更劳动合同约定的内容。变更劳动合同，应当采用书面形式。变更后的劳动合同文本由用人单位和劳动者各执一份。因此，企业与职工协商调整薪酬的，应当按照该规定履行劳动合同变更程序。

88 因新冠肺炎疫情导致企业停工停产的，职工的工资待遇如何确定？

《人力资源社会保障部办公厅关于妥善处理新型冠状病毒感染的肺炎疫情防控期间劳动关系问题的通知》中明确指出：企业停工停产在一个工资支付周期内的，企业应按劳动合同规定的标准支付职工工资。超过一个工资支付周期的，若职工提供了正常劳动，企业支付给职工的工资不得低于当地最低工资标准。职工没有提供正常劳动的，企业应当发放生活费，生活费标准按各省、自治区、直辖市规定的办法执行。

律师提醒

各省、自治区、直辖市规定的生活费标准不尽相同，有的规定不低于当地的最低工资标准（如上海、天津、海南），有的规定不低于最低工资标准的80%（如山西、广东、江苏、浙江、河北等），有的规定不低于最低工资标准的70%（如北京、安徽、山东、四川等），有的规定不低于当地失业保险支付标准（如湖南）。农民工朋友如遇到此类维权问题应当首先了解所在省（区、市）的规定标准。

89 新冠肺炎患者、疑似病人、密切接触者被采取隔离措施期间及隔离措施结束后工资待遇如何确定？

《中华人民共和国传染病防治法》（以下简称《传染病防治法》）第四十一条规定，被隔离人员有工作单位的，所在单位不得停止支付其隔离期间的工作报酬。对新冠肺炎患者、疑似病人、密切接触者因被采取隔离治疗、隔离观察等隔离措施导致不能提供正常劳动的，企业应当视同提供正常劳动并支付职工正常工作时间工资。隔离期结束后，对仍需停止工作进行治疗的患者，企业按照职工患病医疗期有关规定支付其病假工资。

律师提醒

依据《企业职工患病或非因工负伤医疗期规定》，企业职工因患病或非因工负伤，需要停止工作医疗时，根据本人实际参加工作年限和在本单位工作年限，给予三个月到二十四个月的医疗期。职工患病或非因工负伤治疗期间，在规定的医疗期内由企业支付的病假工资不能低于当地最低工资标准的80%。

90 因新冠肺炎疫情防控影响不能及时签订或者续签劳动合同，用人单位是否需要支付双倍工资？

《劳动合同法》第八十二条有关未签订书面劳动合同需支付二倍工资的规定，旨在惩罚用人单位应当签订而故意不签订劳动合同的违法行为。用人单位如果确实因新冠肺炎疫情防控影响，客观上无法与职工协商签订或者续签劳动合同，没有不签订劳动合同的主观故意，则不符合承担该赔偿责任的条件。有条件的用人单位，可以签订电子化的劳动合同，或者以电子化方式先行协商合同条款，待复工后补签书面劳动合同。

律师提醒

《人力资源社会保障部办公厅关于订立电子劳动合同有关问题的函》（人社厅函〔2020〕33号）中明确规定，用人单位与劳动者协商一致，可以采用电子形式订立书面劳动合同。采用电子形式订立劳动合同，应当使用符合《电子签名法》等法律法规规定的可视为书面形式的数据电文和可靠的电子签名。用人单位应保证电子劳动合同的生成、传递、储存等满足《电子签名法》等法律法规规定的要求，确保其完整、准确、不被篡改。符合《劳动合同法》规定和上述要求的电子劳动合同一经订立即具有法律效力，用人单位与劳动者应当按照电子劳动合同的约定，全面履行各自的义务。

91 在职工隔离治疗期间或医学观察、政府实施隔离措施或采取其他紧急措施期间劳动合同到期的，企业是否可以终止劳动合同?

依照《人力资源社会保障部办公厅关于妥善处理新型冠状病毒感染的肺炎疫情防控期间劳动关系问题的通知》，在职工隔离治疗期间或医学观察、政府实施隔离措施或采取其他紧急措施期间劳动合同到期的，分别顺延至职工医疗期期满、医学观察期期满、隔离期期满或者政府采取的紧急措施结束。

律师提醒

这一规定体现了《劳动合同法》第四十五条关于劳动合同逾期终止规定的立法精神。职工在订立劳动合同时一定要看清并记清合同期限的起止时间，要能够了解掌握劳动合同逾期终止的法定情形，并在合法权益受到侵害时，准确运用有关法律政策规定维权。

92 新冠肺炎疫情期间采取居家办公的职工考勤如何记录？

用人单位可以通过视频会议、语音汇报、OA系统打卡等方式，让职工即使不在办公场所也可以在工作时间内进行有效考勤，相关电子考勤记录同样可以作为职工迟到、早退或旷工缺勤的证据。职工应该在核心工作时间（会议时间、协同完成工作任务时间）保证在岗，对于不能保证核心工作时间在岗的在家办公职工，单位同样可以以缺勤或不遵守企业规章制度为由对其进行违纪处理。

律师提醒

居家办公期间，职工应自觉遵守用人单位的规章纪律，同时注意保存好居家办公期间的工作记录和与单位就工作任务和工作时间安排的沟通记录。

93 受新冠肺炎疫情影响的企业如果确需裁员，需要履行什么程序？如何对职工进行补偿？

企业因受新冠肺炎疫情影响导致生产经营困难的，可以通过与职工协商一致采取调整薪酬、轮岗轮休、缩短工时等方式稳定工作岗位，尽量不裁员或者少裁员。对采取相应措施后，仍需裁员 20 人以上或裁员不足 20 人但占企业职工总数 10%以上的，企业要根据《劳动合同法》第四十一条的规定，提前 30 日向工会或者全体职工说明情况，听取工会或者职工的意见后，裁员方案向劳动行政部门报告，方可实施裁员。企业应根据《劳动合同法》第四十七条，对被解除劳动合同的职工进行补偿。

律师提醒

依据《人力资源社会保障部办公厅关于妥善处理新型冠状病毒感染的肺炎疫情防控期间劳动关系问题的通知》，对新型冠状病毒感染的肺炎患者、疑似病人、密切接触者在其隔离治疗期间或医学观察期间，以及因政府实施隔离措施或采取其他紧急措施导致不能提供正常劳动的企业职工，企业不得依据《劳动合同法》第四十条、第四十一条与职工解除劳动合同。

94 用人单位可以拒绝录用曾经患有新冠肺炎但已被治愈的职工吗？

不可以。《就业促进法》第三十条规定：“用人单位招用人员，不得以是传染病病原携带者为由拒绝录用。”第六十二条规定：“违反本法规定，实施就业歧视的，劳动者可以向人民法院提起诉讼。”《传染病防治法》第十六条规定：“任何单位和个人不得歧视传染病病人、病原携带者和疑似传染病病人。”

律师提醒

职工感染新冠肺炎治愈的，用人单位不得以其曾患此病为由拒绝录用，也不能对其实施任何就业歧视行为。

95 职工在抗击新冠肺炎疫情过程中感染新冠肺炎或发生意外事故，是否属于工伤？

职工在抗击新冠肺炎疫情过程中感染新冠肺炎或发生其他意外事故，应当视同工伤。根据《工伤保险条例》第十五条第一款第（二）项规定，职工在抢险救灾等维护国家利益、公共利益活动中受到伤害的，视同工伤，按照《工伤保险条例》的有关规定享受工伤保险待遇。

律师提醒

职工在抗击新冠肺炎疫情过程中感染新冠肺炎或发生其他意外事故，用人单位应当及时按照《工伤保险条例》规定的程序为职工申请工伤认定和劳动能力鉴定。

96 职工上下班途中感染新冠肺炎，可否认定为工伤？

不能。《工伤保险条例》第十四条规定，职工有下列情形之一的，应当认定为工伤：……（六）在上下班途中，受到非本人主要责任的交通事故或者城市轨道交通、客运轮渡、火车事故伤害的属于工伤。职工在上下班途中感染新冠肺炎，不属于因上述原因受到的伤害，不能认定为工伤。

律师提醒

职工在上下班途中感染新冠肺炎，可依据《企业职工患病或非因工负伤医疗期规定》等有关文件，依法享受医疗期和病休待遇。

97 职工被确诊患新冠肺炎，用人单位是否需要支付医疗费用？

具体根据缴纳社保情况确定，如用人单位已经依法为职工缴纳基本医疗保险的，用人单位无须支付医疗费用；未依法参保的应当由用人单位按法定标准支付。

律师提醒

国家医疗保障局、财政部《关于做好新型冠状病毒感染的肺炎疫情医疗保障的通知》规定，对于新冠肺炎患者发生的医疗费用，在基本医保、大病保险、医疗救助等按规定支付后，个人负担部分由财政给予补助。对于其中的异地就医患者，先救治后备案，报销不执行异地转外就医支付比例调减规定。患者使用的符合卫生健康部门制定的新型冠状病毒感染肺炎诊疗方案的药品和医疗服务项目，可临时纳入医保基金支付范围。

98 因受新冠肺炎疫情影响造成职工不能在劳动人事争议仲裁时效内申请仲裁的，仲裁时效如何计算？

可以按仲裁时效中止处理。《人力资源社会保障部办公厅关于妥善处理新型冠状病毒感染的肺炎疫情防控期间劳动关系问题的通知》规定，因受新冠肺炎疫情影响造成当事人不能在法定仲裁时效期间申请劳动人事争议仲裁的，仲裁时效中止。从中止时效的原因消除之日起，仲裁时效期间继续计算。因受新冠肺炎疫情影响导致劳动人事争议仲裁机构难以按法定时限审理案件的，可相应顺延审理期限。

律师提醒

《劳动争议调解仲裁法》第二十七条规定，劳动争议申请仲裁的时效期间为一年。仲裁时效期间从当事人知道或者应当知道其权利被侵害之日起计算。劳动关系存续期间因拖欠劳动报酬发生争议的，劳动者申请仲裁不受本条第一款规定的仲裁时效期间的限制；但是，劳动关系终止的，应当自劳动关系终止之日起一年内提出。职工应当了解掌握上述规定，遇有仲裁时效中止情形时，一定要注意在中止原因消除后及时行使权利，避免因超过仲裁时效而丧失胜诉权。

99 企业社会保险费减免之后，个人的社保会受到影响吗？个人的社保缴费记录会不会因此中断？

根据人力资源社会保障部、财政部、国家税务总局印发的《关于阶段性减免企业社会保险费的通知》（人社部发〔2020〕11号）有关规定，本次阶段性减免的是企业基本养老保险、失业保险、工伤保险单位缴费部分，不涉及个人缴费部分。根据国家医保局、财政部、税务总局联合印发的《关于阶段性减征职工基本医疗保险费的指导意见》（医保发〔2020〕6号），对职工医保单位缴费部分实行减征。因此，个人缴费不在本次减免优惠之中，个人发放的工资中仍然将扣除基本养老保险、失业保险、医疗保险个人缴费部分。

律师提醒

为确保参保人员社会保险权益不受影响，企业要依法履行好代扣代缴职工个人缴费的义务，社保经办机构要做好个人权益记录工作。

100 新冠肺炎疫情期间，企业应如何加强对孕期、哺乳期女职工的劳动保护？

根据国务院应对新型冠状病毒感染的肺炎疫情联防联控机制印发的《关于做好儿童和孕产妇新型冠状病毒感染的肺炎疫情防控工作的通知》（肺炎机制发〔2020〕17号）和人力资源社会保障部、全国总工会、中国企业联合会/中国企业家协会、全国工商联联合印发的《关于做好新型冠状病毒感染的肺炎疫情防控期间稳定劳动关系支持企业复工复产的意见》（人社部发〔2020〕8号），各地要指导企业与职工协商一致，通过采取错时上下班、弹性上下班等方式灵活安排工作时间，特别是要结合实际协商安排孕期、哺乳期女职工居家远程办公、灵活安排工作时间和休息休假，做好孕期、哺乳期女职工特殊劳动保护，减少人员聚集，确保职工身体健康。

律师提醒

孕期、哺乳期女职工在新冠肺炎疫情防控期间应加强自我保护，如果遇到劳动权益保护问题，要与用人单位多沟通、多协商、多调解，避免矛盾激化。

101 新冠肺炎疫情期间外出务工人员因找不到工作而生活陷入困境，是否有其他救助措施？

2020年4月10日，国务院应对新型冠状病毒感染的肺炎疫情联防联控机制新闻发布会上，民政部社会救助司负责人表示，针对疫情期间出现的外出务工人员因找不到工作而生活陷入困境的情况，民政部要求各地进一步放宽户籍地申请临时救助的限制，如果受疫情影响找不到工作，又得不到家庭支持，基本生活出现暂时困难的外来务工人员，可在临时居住地申请临时救助。为确保疫情期间困难群众求助有门、受助及时，各地县级以上民政部门都开通了社会救助服务热线，需要了解临时救助政策的困难群众，可以通过当地的电话查询，或者在民政部的门户网站上找到当地社会救助服务热线电话，在工作时间拨打咨询即可。也可以找当地社区干部询问申请救助的办法，或者直接向乡镇、街道或者县级民政部门提交临时救助申请。

律师提醒

《国务院关于全面建立临时救助制度的通知》（国发〔2014〕47号）和《民政部、财政部关于进一步加强和改进临时救助工作的意见》（民发〔2018〕23号）对临时救助制度进行了明确规定，职工因求职困难而生活陷入困境的，可以据此申请临时救助。

新就业形态劳动者劳动保障权益维护篇

102 新就业形态劳动者与企业的法律关系分为哪几种情形？

人力资源社会保障部、国家发展改革委、交通运输部、应急部、市场监管总局、国家医保局、最高人民法院、全国总工会共同印发《关于维护新就业形态劳动者劳动保障权益的指导意见》（人社部发〔2021〕56号，以下简称“人社部等八部门意见”）要求，对符合确立劳动关系情形的，企业应当依法与劳动者订立劳动合同。不完全符合确立劳动关系情形但企业对劳动者进行劳动管理的，指导企业与劳动者订立书面协议，合理确定企业与劳动者的权利义务。个人依托平台自主开展经营活动、从事自由职业等，按照民事法律调整双方的权利义务。

律师提醒

新就业形态劳动者与企业的法律关系分为三种情形：①劳动关系；②不完全符合确立劳动关系情形但实行劳动管理；③民事法律关系。如果劳动者与企业发生争议，各级法院和劳动争议调解仲裁机构应根据用工事实认定企业和劳动者的关系，依法依规处理新就业形态劳动者劳动保障权益案件。在仲裁或诉讼过程中，用工事实的认定取决于当事人陈述、举证质证和庭审调查的综合情况，其关键在于证据的认定。因此，劳动者在应聘职位、提供劳动的过程中，尤其要注意以下两点：一是在任何协议或合同等书面材料上签字时，首先要全面仔细阅读其内容，特别是看清楚与谁签订协议，各方权利义务是什么。二是要注意收集能够证明实际工作情况的证据材料，以免在维权时陷入“口说无凭”的困境。

103 平台企业采取劳务派遣等合作用工方式组织劳动者完成平台工作的，应承担什么责任？

《劳动合同法》第六十六条规定，劳动合同用工是我国的企业基本用工形式。劳务派遣用工是补充形式，只能在临时性、辅助性或者替代性的工作岗位上实施。前款规定的临时性工作岗位是指存续时间不超过六个月的岗位；辅助性工作岗位是指为主营业务岗位提供服务的非主营业务岗位；替代性工作岗位是指用工单位的劳动者因脱产学习、休假等原因无法工作的一定期间内，可以由其他劳动者替代工作的岗位。用工单位应当严格控制劳务派遣用工数量，不得超过其用工总量的一定比例，具体比例由国务院劳动行政部门规定。

《劳务派遣暂行规定》第三条第三款规定，用工单位决定使用被派遣劳动者的辅助性岗位，应当经职工代表大会或者全体职工讨论，提出方案和意见，与工会或者职工代表平等协商确定，并在用工单位内公示。第四条规定，用工单位应当严格控制劳务派遣用工数量，使用的被派遣劳动者数量不得超过其用工总量的10%。用工总量是指用工单位订立劳动合同人数与使用的被派遣劳动者人数之和。计算劳务派遣用工比例的用工单位是指依照《劳动合同法》和《劳动合同法实施条例》可以与劳动者订立劳动合同的用人单位。

人社部等八部门意见要求，平台企业采取劳务派遣等合作用工方式组织劳动者完成平台工作的，应选择具备合法经营资质的企业，并对其保障劳动者权益情况进行监督。平台企业采用劳务派遣方式用工的，依法履行劳务派遣用工单位责任。对采取外包等其他合作用工方式，劳动者权益受到损害的，平台企业依法承担相应责任。

律师提醒

对于被派遣的劳动者而言，需要学习了解《劳动合同法》《劳动合同法实施条例》及《劳务派遣暂行规定》关于劳务派遣的规定。特别是要清楚，劳务派遣单位应当与被派遣劳动者订立二年以上的固定期限劳动合同，按月支付劳动报酬；被派遣劳动者在无工作期间，劳务派遣单位应当按照所在地人民政府规定的最低工资标准，向其按月支付报酬。劳务派遣单位不得以非全日制用工形式招用被派遣劳动者，应当按照国家规定和劳务派遣协议约定，依法为被派遣劳动者缴纳社会保险费。用工单位应当执行国家劳动标准，为被派遣劳动者提供相应的劳动条件和劳动保护。被派遣劳动者在用工单位因工作遭受事故伤害的，劳务派遣单位应当依法申请工伤认定，用工单位应当协助工伤认定的调查核实工作等。

104 如何保障新就业形态劳动者公平就业？

人社部等八部门意见要求，企业招用劳动者不得违法设置性别、民族、年龄等歧视性条件，不得以缴纳保证金、押金或者其他名义向劳动者收取财物，不得违法限制劳动者在多平台就业。

律师提醒

《就业促进法》规定，劳动者依法享有平等就业和自主择业的权利。劳动者就业，不因民族、种族、性别、宗教信仰等不同而受歧视。考虑到新就业形态由于就业容量大、进出门槛低、灵活性和兼职性强，因此明确企业不得违法限制劳动者在多平台就业。

105 如何更好地为新就业形态劳动者提供就业服务？

人社部等八部门意见要求，创新方式方法，积极为各类新就业形态劳动者提供个性化职业介绍、职业指导、创业培训等服务，及时发布职业薪酬和行业人工成本信息等，为企业和劳动者提供便捷化的劳动保障、税收、市场监管等政策咨询服务，便利劳动者求职就业和企业招工用工。

律师提醒

新就业形态劳动者可以通过线上线下多种渠道及时关注就业招聘的最新政策信息，选择适合的工作机会，同时要了解行业薪酬水平等信息，以合理确定工资报酬预期。

106 新就业形态劳动者劳动报酬权益如何维护？

人社部等八部门意见要求，健全最低工资和支付保障制度，推动将不完全符合确立劳动关系情形的新就业形态劳动者纳入制度保障范围。督促企业向提供正常劳动的劳动者支付不低于当地最低工资标准的劳动报酬，按时足额支付，不得克扣或者无故拖欠。引导企业建立劳动报酬合理增长机制，逐步提高劳动报酬水平。

市场监管总局等七部门《关于落实网络餐饮平台责任切实维护外卖送餐员权益的指导意见》（国市监网监发〔2021〕38 号，以下简称“市场监管总局等七部门意见”）要求，网络餐饮平台要认真完善外卖送餐员劳动报酬规则，建立与工作任务、劳动强度相匹配的收入分配机制。科学合理的劳动定额标准和外卖送餐员接单最低报酬，外卖送餐员在法定节假日、恶劣天气、夜间等情形下工作的，适当给予补贴。平台企业优化算法规则，不得将“最严算法”作为考核要求，要通过“算法取中”等方式，合理确定订单数量、在线率等考核要素，适当放宽配送时限。

交通运输部等七部门《关于做好快递员群体合法权益保障工作的意见》（交邮政发〔2021〕59 号，以下简称“交通运输部等七部门意见”）要求，引导工会组织、快递协会建立行业工资集体协商机制，确定快递员最低劳动报酬标准和年度劳动报酬增长幅度。加强劳动保障监察执法，依法保障快递员按时足额获得工资。

律师提醒

劳动报酬权是最核心最基础的劳动权益。较之传统就业形态，新就业形态下的劳动报酬构成和计算方法更加多元化、复杂化，但在支付环节仍有两条红线不得越过，一是向提供正常劳动的劳动者支付的报酬不得低于当地最低工资标准；二是必须按时足额支付，不得克扣或者无故拖欠。新就业形态劳动者们既要清楚劳动报酬的最低标准、构成项目和计算方法，也要清楚报酬的支付时间、周期及方式，一旦发现劳动报酬被拖欠或克扣，应当及时向企业主张权利。

107 新就业形态劳动者休息休假权如何保障？

人社部等八部门意见要求，完善休息制度，推动行业明确劳动定员定额标准，科学确定劳动者工作量和劳动强度。督促企业按规定合理确定休息办法，在法定节假日支付高于正常工作时间劳动报酬的合理报酬。

市场监管总局等七部门意见要求，网络餐饮平台要发挥数据技术优势，进一步完善订单分派机制，优化外卖送餐员往返路线，降低劳动强度。科学确定订单饱和度，向外卖送餐员分派并发单量时，要充分考虑安全因素。合理管控在线工作时长，对于连续送单超过 4 小时的，系统发出疲劳提示，20 分钟内不再派单。

交通运输部等七部门意见要求，推动企业确定合理劳动定额，落实带薪休假制度，保障快递员休息休假权利。

律师提醒

新就业形态劳动者的工作时间灵活性较强，关于休息休假时间具体如何安排可以与企业进行协商。与企业建立劳动关系的新就业形态劳动者要清楚自己工作执行的是标准工时制、综合工时制还是不定时工时制。综合工时制劳动者仅有权主张延时加班费和法定节假日加班费，不定时工时制劳动者主张加班费没有法律依据。

108 企业应当如何保障劳动者的劳动安全卫生？

人社部等八部门意见要求，健全并落实劳动安全卫生责任制，严格执行国家劳动安全卫生保护标准。企业要牢固树立安全“红线”意识，不得制定损害劳动者安全健康的考核指标。要严格遵守安全生产相关法律法规，落实全员安全生产责任制，建立健全安全生产规章制度和操作规程，配备必要的劳动安全卫生设施和劳动防护用品，及时对劳动工具的安全和合规状态进行检查，加强安全生产和职业卫生教育培训。强化恶劣天气等特殊情形下的劳动保护，最大限度地减少安全生产事故和职业病危害。

市场监管总局等七部门意见要求，加强日常交通安全教育，定期开展安全培训，引导督促外卖送餐员严格遵守交通法规，骑行环节全程佩戴安全头盔，使用符合国家安全标准的配送车辆，保障劳动安全。

交通运输部等七部门意见要求，督促企业严格执行安全生产相关标准，加大资金投入、配齐劳保用品、升级作业装备、改善工作环境，确保生产作业安全。督促企业加强职业操守、服务规范、安全生产和应急处置等方面教育培训。

律师提醒

劳动者在享有安全生产权利的同时，也应当履行安全生产义务，主要包括接受安全生产培训教育、遵守安全生产规章制度和操作规程、正确佩戴和使用劳动防护用品与发现安全事故隐患及时报告等方面的义务。如果劳动者违反安全生产规定，用人单位可以依据合法的规章制度或与劳动者的有关约定给予相应处理。

109 新就业形态劳动者如何享受社会保险？

人社部等八部门意见要求，完善基本养老保险、医疗保险相关政策，各地要放开灵活就业人员在就业地参加基本养老、基本医疗保险的户籍限制，个别超大型城市难以一步实现的，要结合本地实际，积极创造条件逐步放开。组织未参加职工基本养老、职工基本医疗保险的灵活就业人员，按规定参加城乡居民基本养老、城乡居民基本医疗保险，做到应保尽保。督促企业依法参加社会保险。企业要引导和支持不完全符合确立劳动关系情形的新就业形态劳动者根据自身情况参加相应的社会保险。优化社会保险经办，探索适合新就业形态的社会保险经办服务模式，在参保缴费、权益查询、待遇领取和结算等方面提供更加便捷的服务，做好社会保险关系转移接续工作，提高社会保险经办服务水平，更好地保障参保人员公平享受各项社会保险待遇。

市场监管总局等七部门意见要求，网络餐饮平台及第三方合作单位要依法为建立劳动关系的外卖送餐员参加社会保险，鼓励其他外卖送餐员参加社会保险。按照国家规定参加平台灵活就业人员职业伤害保障试点，防范和化解外卖送餐员职业伤害风险。鼓励针对平台就业特点，探索提供多样化商业保险保障方案，确保缴纳费用足额投保，提高多层次保障水平。

交通运输部等七部门意见要求，鼓励快递企业直接用工，提高自有员工比例。督促企业依法与快递员签订劳动合同并缴纳社会保险费，依法规范使用劳务派遣。对用工灵活、流动性大的基层快递网点，可统筹按照地区全口径城镇单位就业人员平均工资水平或营业额比例计算缴纳工伤保险费，优先参加工伤保险。推动企业为快递员购买人身意外保险。探索建立更灵活、更便利的社会保险经办管理服务模式。

律师提醒

当前涉及新就业形态劳动者的社会保障政策正在逐步发展完善过程中，劳动者应当密切关注所在地社会保险等方面政策的新变化。在没有享受职工基本养老、医疗保险的情况下，积极参加城乡居民基本养老、医疗保险。与企业建立劳动关系的劳动者，如果发现单位未依法缴纳社会保险，应当及时向社会保险经办机构申诉。不完全符合确立劳动关系情形但实际受到企业劳动管理的劳动者，应通过与单位签订协议方式明确约定社会保险有关事宜，以有效维护自身合法权益。

110 如何强化新就业形态劳动者职业伤害保障？

人社部等八部门意见要求，以出行、外卖、即时配送、同城货运等行业的平台企业为重点，组织开展平台灵活就业人员职业伤害保障试点，平台企业应当按规定参加。采取政府主导、信息化引领和社会力量承办相结合的方式，建立健全职业伤害保障管理服务规范和运行机制。鼓励平台企业通过购买人身意外、雇主责任等商业保险，提升平台灵活就业人员保障水平。

律师提醒

新就业形态劳动者尤其是外卖员、快递员等，职业伤害事故发生率较高。已出台的政策文件明确了综合运用保险工具强化职业伤害保障的导向。劳动者在与企业签订协议时要清楚自己如果遭遇职业伤害可以得到哪些保障，注意多学习了解与职业伤害有关的商业保险知识，同时关注职业伤害保障试点工作进展情况。

111 新就业形态劳动者遇到权益保障纠纷如何处理？

人社部等八部门意见要求，各级法院和劳动争议调解仲裁机构要加强劳动争议办案指导，畅通裁审衔接，根据用工事实认定企业和劳动者的关系，依法依规处理新就业形态劳动者劳动保障权益案件。各类调解组织、法律援助机构及其他专业化社会组织要依法为新就业形态劳动者提供更加便捷、优质高效的纠纷调解、法律咨询、法律援助等服务。各级人力资源社会保障行政部门要加大劳动保障监察力度，督促企业落实新就业形态劳动者权益保障责任，加强治理拖欠劳动报酬、违法超时加班等突出问题，依法维护劳动者权益。各级交通运输、应急、市场监管等职能部门和行业主管部门要规范企业经营行为，加大监管力度，及时约谈、警示、查处侵害劳动者权益的企业。

市场监管总局等七部门意见要求，网络餐饮平台及第三方合作单位要建立有效的风险防控和矛盾处置机制。要落实风险防控责任，开展常态化风险评估，充分依托大数据等技术优势，及早发现风险因素，及时预警处置并报告地方政府。要畅通外卖送餐员诉求渠道，明确诉求处置程序、时限，加强民主协商和平等沟通，满足正当诉求。坚持抓早抓小，对于客观因素造成送单超时等常规问题，一般在24小时内合理解决，防止矛盾升级，有效处置纠纷。

律师提醒

新就业形态劳动者遇到权益保障纠纷时应当坚持及时依法理性维权。要尽早向企业主张权利，尽快收集整理相关证据材料，防止因超过仲裁时效或诉讼时效丧失胜诉权。尽可能选择协商或调解等柔性纠纷解决方式化解争议，避免双方矛盾激化，尽量节约时间成本。在仲裁或诉讼阶段，要善于寻求专业法律帮助，可以到各地司法行政部门、工会组织的法律援助服务机构进行法律咨询，依法申请援助。同时，还可以通过法定渠道向人社、交通运输、应急、市场监管等职能部门和行业主管部门反映权益被侵害的事实。

112 如何组织新就业形态劳动者加入工会？

《中华全国总工会关于切实维护新就业形态

劳动者劳动保障权益的意见》（总工发〔2021〕12号）要求，加强对新就业形态劳动者入会问题的研究，加快制定出台相关指导性文件，对建立平台企业工会组织和新就业形态劳动者入会予以引导和规范。强化分类指导，明确时间节点，集中推动重点行业企业特别是头部企业及其下属企业、关联企业依法普遍建立工会组织，积极探索适应货车司机、网约车司机、快递员、外卖配送员等不同职业特点的建会入会方式，通过单独建会、联合建会、行业建会、区域建会等多种方式扩大工会组织覆盖面，最大限度地吸引新就业形态劳动者加入工会。

律师提醒

工会是职工自愿结合的工人阶级群众组织，维护职工合法权益、竭诚服务职工群众是工会的基本职责。新就业形态劳动者是职工队伍的重要组成部分，在推动经济社会高质量发展中发挥着重要作用。组织新就业形态劳动者入会是各级工会为其提供维权服务的最基础环节。劳动者依法组建、加入工会，可以通过工会组织向企业反映诉求、参与民主管理，协商调解纠纷，获得综合性维权服务。中华全国总工会已印发通知，自2021年7月至2022年12月在全国范围内开展“新就业形态劳动者入会集中行动”。广大劳动者可以关注此项行动进展，积极响应号召，通过适合自身实际情况的方式加入工会组织。

113 在直接涉及劳动者权益的制度规则制定过程中，工会发挥什么作用？

人社部等八部门意见要求，督促企业制定修订平台进入退出、订单分配、计件单价、抽成比例、报酬构成及支付、工作时间、奖惩等直接涉及劳动者权益的制度规则和平台算法，充分听取工会或劳动者代表的意见建议，将结果公示并告知劳动者。工会或劳动者代表提出协商要求的，企业应当积极响应，并提供必要的信息和资料。

市场监管总局等七部门意见要求，网络餐饮平台及第三方合作单位在制定调整考核、奖惩等涉及外卖送餐员切身利益的制度或重大事项时，应提前公示，充分听取外卖送餐员、工会等方面的意见。推动建立适应新就业形态的工会组织，积极吸纳外卖送餐员群体入会，引导帮助外卖送餐员参与工会事务，提高权益保障体系化、机制化水平。支持工会开展工作，参与外卖送餐员报酬规则、绩效考核、派单时间、劳动安全、工作条件等重要事项协商协调，保障外卖送餐员对涉及自身利益事项的知情权，为外卖送餐员提供依法维权咨询、政策宣传解读、技能培训、心理疏导、思想关爱、困难帮扶和送温暖等服务，维护外卖送餐员合法权益。

交通运输部等七部门意见要求，督促企业制定劳动管理规章制度时听取工会、快递员代表意见，充分履行民主决策程序。

律师提醒

在企业制定或修订直接涉及劳动者权益的制度规则和平台算法时，工会可以代表劳动者提出意见建议，要求开展协商，企业有义务充分听取这些意见建议并积极响应协商。依法组建和加入工会，有利于劳动者凝聚智慧和力量，更加有效地参与企业相关制度规则制定，从源头上维护自身合法权益。

学法小记

后 记

为深入贯彻落实党中央、国务院决策部署，推动落实关于深入推进“我为群众办实事”实践活动要求，进一步做好新形势下农民工维权服务工作，积极有效应对农民工权益保障面临的新情况新问题，加快完善农民工公益法律服务工作体系，更好满足农民工多元化公益法律服务需求，中华全国总工会、司法部和中华全国律师协会联合开展2021年“尊法守法·携手筑梦”服务农民工公益法律服务行动。为配合活动的开展，我们对《权益维护法律知识微手册》进行了修订，特别新增“新就业形态劳动者劳动保障权益维护篇”，宣传了国家关于新就业形态劳动者劳动权益维护有关政策规定。希望本手册的修订再版能够帮助农民工朋友特别是新就业形态劳动者更加准确地理解和掌握常用法律法规知识及政策要求，更好地运用法律武器维护自身合法权益；同时帮助参与这项活动的律师志愿者更好地为农民工朋友提供法律服务。

本手册由中华全国总工会法律工作部组织编写，中华全国总工会女职工部、中国劳动关系学院法学院、中国政法大学民商经济法学院和北京致诚农民工法律援助与研究中心给予了大力支持和配合，在此表示诚挚感谢。因时间仓促、能力有限，本手册难免存在疏漏不当之处，敬请批评指正。

编　者

2021年10月

中华全国总工会微信　　劳法聚焦